_____ 님의 소중한 미래를 위해
이 책을 드립니다.

직장생활의 품격

품격 있게
일하는 법

장중호 지음

직장생활의 품격

메이트북스

메이트북스 우리는 책이 독자를 위한 것임을 잊지 않는다.
우리는 독자의 꿈을 사랑하고,
그 꿈이 실현될 수 있는 도구를 세상에 내놓는다.

직장생활의 품격

초판 1쇄 발행 2018년 10월 3일 | **초판 2쇄 발행** 2020년 6월 10일 | **지은이** 장중호
펴낸곳 ㈜원앤원콘텐츠그룹 | **펴낸이** 강현규 · 정영훈
책임편집 안정연 | **편집** 유지윤 · 최예원 | **디자인** 최정아
마케팅 김형진 | **홍보** 이선미 · 정채훈 · 정선호
등록번호 제301-2006-001호 | **등록일자** 2013년 5월 24일
주소 04607 서울시 중구 다산로 139 랜더스빌딩 5층 | **전화** (02)2234-7117
팩스 (02)2234-1086 | **홈페이지** www.matebooks.co.kr | **이메일** khg0109@hanmail.net
값 15,000원 | **ISBN** 979-11-6002-169-1 03320

이 도서의 국립중앙도서관 출판시도서목록(CIP)은 e-CIP홈페이지(http://www.nl.go.kr/ecip)에서
이용하실 수 있습니다.(CIP제어번호 : CIP2018029229)

직장생활의 품격은 다소 생소한 단어지만, 회사의 CEO라면 누구나 관심이 가는 키워드다. 어떻게 하면 회사 직원들이 즐겁게 일을 하고, 성과를 올려서 결실을 나누고 자부심을 올려줄 것인가? 어떤 관점으로 직장생활을 바라보고 성공의 길을 걸을 것인가? 내가 평소에 직원들에게 해주고 싶었던 이야기를 잘 풀어낸 책을 만난 것 같아 상당히 기쁘다.

— 홈플러스 CEO, 임일순 사장

배달의 민족 같은 벤처기업은 제대로 밥값을 하는 몇 명의 직원들로 인해 커졌고, 또 커지고 있는 중이다. 직원들의 자부심과 품격을 올려주려 많은 노력을 하고 있는데, 이 책을 보면서 답을 얻은 듯하다. 또 다른 도약에 도전하는 이때에 우리 직원들의 품격도 올리고, 비전도 심어주는 좋은 책이다.

— 배달의 민족 CEO, 김봉진 대표

이 책은 치열한 마케팅과 영업의 현장에서 하루하루 싸우고 있는 현직 임원이 직장생활의 성공 법칙을 깊게 고민하고 쓴 책이다. 그래서 더욱 실감이 가고 마음에 와닿는다. 제대로 회사에서 인정받으면서 크고 싶은 젊은 직원부터 임원에 이르기까지 품격 있는 직장생활의 마무리를 꿈꾸는 직장인이라면 반드시 이 책을 읽어봐야 한다.

— KMC회장, 前 한양대 교수, 홍성태 회장

20여 년간 직장생활을 하면서, 과연 내가 제대로 잘하고 있는가는 항상 고민이고 도전이었다. 직장인이 제대로 밥값을 하고 있는가와 제대로 몸값은 인정받고 있는가는 늘 풀기 어려운 문제다. 이 사이에서 직장인의 자존감과 품격을 지키는 것은 직장생활을 시작하는 후배들이나 함께해온 동료들과 함께 꼭 진지하게 이야기해보고 싶은 주제다.

— CJ 그룹 커뮤니케이션실, 김동환 부장

다시 쓰는 직장인의 성공 법칙

대한민국에는 수많은 기업과 공공기관 및 단체가 있고, 그 안에서 직장인들이 하루하루 열심히 살아가고 있다. 우리나라 경제활동인 구는 약 2,500만 명. 이들 가운데 25% 정도가 자영업자이니 나머 지 75%가 직장에서 월급을 받고 일하는 봉급생활자인 셈이다. 약 1,900만 명의 봉급생활자들이 직장에서 주어진 일을 열심히 한다. 그로 인해 기업이 돌아가 이윤을 내며 해외로 수출도 하고 내수를 일으켜 결국 국가 경제가 돌아간다.

약 600만 명에 달하는 자영업자들도 마찬가지다. 상위 10% 정 도는 '사장님' 소리 들으며 여유 있게 사업을 운영해 나가겠지만, 나머지 대다수는 식당, 슈퍼마켓, 미용실, 학원 등 거리마다 보이는 비슷한 업종 안에서 그야말로 '총성 없는 전쟁'을 치르며 하루하루 힘겹게 살아가고 있다.

사장과 직원의
'동상이몽'

어느 정도 규모가 있는 중견기업이나 대기업의 경우라면 직원들이 체계적인 조직시스템 안에서 일하게 되지만, 중소기업이나 자영업은 그야말로 누가 사장이고 누가 직원인지 구분이 안 될 정도로 같이 한솥밥을 먹으며 고생을 한다.

그런데 사장 입장에 있는 사람들과 그들에게서 월급을 받아 생활하는 사람들의 입장과 생각은 완전히 다르다. 삼성과 같은 굴지의 대기업이든, 집 앞 사거리에 있는 조그마한 식당이든 규모에 관계없이 사장과 직원의 생각은 참으로 그 구조부터 다르다. 어려운 상황에도 월급을 줘야 하는 사장 입장에서는 직원 모두가 회사 일을 마치 자신의 일처럼 솔선수범해서 열심히 해주기를 원한다. 자신이 모든 것을 걸고 있는 생업을 위해 전 직원이 온 열정을 바쳐 함께 해주기를 원하는 것이다.

하지만 어처구니없게도 직원들 상당수는 전혀 딴 마음이다. 그들은 언제든 직장을 그만두고 싶어한다. 지금 이순간에도 수많은 직장인이 다른 회사에 이력서를 내며 더 좋은 자리가 있는지 없는

지 기웃거리고 있다. 물론 겉으로 내색은 하지 않는다. 그렇다고 그들을 배신자라며 탓할 수 있겠는가?

직원들의 마음도 똑같다. 사장이나 상사가 자신의 능력을 인정해주고 성과도 제대로 나눠주기를 원하지만 현실은 그렇지 않다. 매일 반복되는 의미없는 일상 업무와 잔소리, 질책에 갈수록 지쳐간다. 열정을 다해 성과를 내도 중간에서 상사들이 다 가로채고, 도대체 사장이라는 사람은 자신의 이름도 모르는 것 같다. 지속되는 야근과 주말 근무도 왜 하는지 모를 때가 많다. 윗사람에게 급하게 보고하기 위해 밤새워 보고서를 작성해도 정작 그 보고서는 더 높은 윗사람에게 전달조차 안 되는 경우가 상당수다.

이런 저런 이유들로 현재 직장에 불만만 쌓이고 당장이라도 그만두고 싶지만, 그 다음 계획이 준비되지 못해 그저 주저 앉아있을 뿐이다. *사직서를 항상 준비해 놓고 언젠가 주저없이 상사 얼굴에 던지리라 꿈꾸지만 막상 사장과 마주치기라도 하면 눈을 내리깔고 굽실거리는 것이 현실인 것이다.*

옛날 동화에서처럼 사람의 마음을 읽을 수 있는 안경이 있어서 직장 내 사람들의 마음을 들여다 볼 수 있다면 정말 재미있을 것이다. 그야말로 '동상이몽'. 같은 침대, 같은 곳에 있어도 서로 다른 꿈, 다른 생각을 갖는다는 의미의 이 한자성어는 요즘 같은 직장 풍경에 딱 어울리는 말이다.

'수첩 두고 다들 나가세요'
대기업 회의실에서의 날벼락

10명의 팀원과 팀장이 회의실에서 회의하는 모습을 한번 떠올려
보자.

팀장은 잔뜩 열을 내며 당장 추진해야 할 프로젝트에 대해 설명
한다. 다음 주까지 임원에게 보고해야 한다며 아이디어를 짜내라
고 직원들을 닦달하지만 그렇게 말하는 팀장 눈을 마주치는 사람
은 기껏해야 그 중 한두 명. 나머지 열에 아홉은 그저 지겨운 회의
시간이 빨리 끝나기를 기다릴 뿐이다. 두 시간에 걸친 회의 끝에
나온 결론은 늘 똑같다. 총대를 맨 한두 명에게 기획안을 정리하게
하고 나머지 사람들에게는 아이디어를 제출하라고 하지만 총대를
맨 몇 명 외에는 기획안이 어떻게 되든 관심이 없다.

이러한 사실을 팀장이 모를 리 없다. 그냥 으레 '그러려니' 하는
것이다. 그 같은 상황에서 더 화내고 윽박질러 봤자 직원들의 입은
더 닫힐 것이고, 그렇게 한다고 더 좋은 결과물이 나오는 것도 아
니라는 것을 경험을 통해 알고 있기 때문이다.

그런 팀장 10명이 모인 임원 주관회의 역시 똑같은 상황이 벌어
진다. 팀장들이라고 다를 것이 없다. 한 단계 올라가도 마찬가지다.
10명의 임원이 모인 사장 주관 회의도 상황은 크게 다르지 않다.

예전에 매우 재미있는 이야기를 들은 적이 있다. 누구나 다 아는
유명한 대기업의 임원회의에서 실제 있었던 일이다.

회사 대표 주재로 20여 명의 임원들이 함께 회의를 하고 있었다. 어느 때와 마찬가지로 대표 자신은 열을 내며 이야기하는데 임원 가운데 누구도 눈을 마주치며 경청하거나 반응을 보이는 이가 없었다. 다들 수첩에 받아 적기만 할 뿐 도대체 자신의 이야기를 제대로 듣고는 있는지 알 도리가 없는 것이다. *대부분의 직장인들이 상사 이야기를 별로 듣고 싶지 않을 때 하는 행동이 바로 그저 눈을 내리깔고 수첩에 아무 생각 없이 받아 적는 것이다.* 이렇게 하면 상사의 시선을 피할 수 있고, 상사 입장에서는 자신의 이야기를 열심히 받아 적는 모습에 그나마 위안을 삼는다. 물론 다시 각자의 자리로 돌아간 후 수첩에 받아 적은 내용을 얼마나 검토하고, 업무에 반영하는지는 아무도 모른다. 대개의 경우 그저 수첩의 필기로 끝나고 만다.

그런데 갑자기 그 기업의 대표는 임원들이 과연 수첩에 자신이 한 말들을 제대로 적고는 있는지 문득 궁금해졌다고 한다. 그래서 회의를 마치자마자 임원들에게 그 자리에 수첩을 놓고 그대로 회의실 밖으로 나가라고 명령했다.

모르긴 해도 제2차 세계대전 때 연합군이 노르망디 상륙작전을 기습적으로 감행해 독일군의 허를 찌른 것과 같은 상황이 연출되었을 것이다. 갑작스러운 대표의 명령에 임원들의 얼굴이 하얗게 질렸다고 한다. 왜 아니겠는가?

비서를 통해 걷어온 임원들의 수첩 속 내용은 정말 가관이었다고 한다. 대표 이야기를 주섬주섬 적은 임원들도 일부 있었으나 상당수 임원들이 대표 말과는 상관없는 낙서와 푸념들을 끄적거려

놓았는가 하면, 아예 대표 얼굴을 우스꽝스럽게 그린 임원도 있고, 심지어 대표에 대한 욕설도 적혀 있었다고 한다. 그 뒤에 회사에서 어떤 일이 벌어졌는가는 상상에 맡기겠다. 이 이야기를 들은 이후 나는 미팅에 들어갈 때 아예 수첩을 갖고 가지 않는다.

평행선을 달리는
'밥값' 줄다리기

직장인들만 불만이 있는 것이 아니다. 사장이나 상사들의 불만도 그에 못지않다. 앞에서 이야기한 사례처럼 대부분의 상사는 직원들이 회사에 대한 주인의식도 없고 제 역할을 못한다고 생각한다. 심지어 회사에서 월급만 축낸다고 생각하기도 한다. 그래서 사장이 직원에게 던지는 욕설 중 가장 심한 것은 '이런 밥값도 못하는 놈'이 아닐까 생각한다.

직장생활을 10년 이상 해본 사람이라면 누구나 한두 번은 들어봤을 듯한 이 말은 정말 치욕적인 말이 아닐 수 없다. '하루 세끼 먹는 밥도 아까울 정도'라는 말은 어디에도 쓸모가 없는 사람이라는 의미다. 고용계약서에 명문화되어 있지는 않지만, 회사에 입사해 월급을 받으면 자신의 월급 값, 즉 밥값을 해야 하는 것은 당연한 논리이자 의무다.

하지만 사장이나 상사가 생각하는 밥값과 직원들이 생각하는 밥값의 차이가 크다 보니 이로 인해 회사에서는 불행의 스토리들이 쓰여진다. 대개 직원들은 사장과 회사에서 주는 월급, 즉 밥값보다 몇 배나 더 많은 일을 하며 고생하고 있다고 생각한다. 최소한 본인은 지금보다 2~3배 더 나은 대우를 받아야 마땅하고 그만큼 인정도 받아야 한다고 생각한다.

그런데 정작 사장들은 많은 직원들이 밥값도 못하며, 현재 월급의 반만 줘도 할 말 없는 위인들이라고 생각한다. 그저 출근해서 시간만 때우느라 기업의 생산성에도 전혀 도움이 안 되고, 사장의 방향과 기업의 비전에 공감은커녕 뒷다리만 잡고 있다고 생각한다. 그래서 밥값을 더 주는 것은 고사하고 줄이고 싶은 충동을 느낀다.

이런 현상은 조직관리나 성과관리 체계가 잡혀있는 대기업보다 몇몇 인재의 역할이 절대적인 역할을 하며, 전 직원들이 한 가족처럼 움직여야 살아남을 수 있는 중소기업일수록 더욱 심하다.

이는 기업의 성장세가 거침없었던 고도 경제 성장기에는 큰 문제가 되지 않았지만 전 세계가 불경기에 신음하고 성장이 멈춰버린 지금은 사정이 다르다. 대기업이든, 중소기업이든 아니면 집 앞 작은 식당이든 상관없이 모든 기업이 직면한 문제이며 반드시 풀어야 할 숙제다.

똑같은 밥값의 문제를 놓고 사장과 직원이 서로 다른 생각을 갖고 반목한다면, 그 기업은 결코 살아남을 수 없다. 기업이 살아남을 수 없다면 우리나라의 미래도 없다.

나는 앞으로 '밥값'이라는 다소 거칠고 노골적인 이야기를 이 책에서 풀어보려고 한다. 기업에서 사장, 상사 그리고 직원들이 '밥값'이라는 단어에 대해 서로 다른 생각을 갖고 있다는 명제를 놓고 기업의 성장과 개개인의 발전을 고민해보고자 한다.

남들보다 조금은 길었던 공부를 마친 후 약 8년이라는 기간 동안 미국계 경영 컨설팅 회사들에서 기업의 성장전략 및 비즈니스 혁신, 마케팅 전략 등을 연구했고, 10여 개 회사에서 다양한 프로젝트들을 수행했다. 그 후에는 신세계 그룹에 입사해 총 10년 동안 유통기업의 전략을 실무에 적용하면서 다양한 업무를 수행했다. 특히 대한민국 1등 대형마트 이마트에서 마케팅 부문 임원을 맡아 전략뿐 아니라 손에 잡히는 실제 영업을 수행했다.

이어서 국내 1위 홈쇼핑 회사인 GS홈쇼핑에서 마케팅 임원을 하면서, 오프라인 유통뿐 아니라 모바일과 온라인에서의 마케팅을 고민했는데, 우연한 기회에 다시 대형마트 업계로 돌아오게 되었다. 지금은 이마트와 경쟁하고 있는 홈플러스에서 전략기획실과 마케팅부문을 맡아 지금까지는 없었던 오프라인과 온라인이 섞이고 새로운 변화가 필요한 비즈니스 환경에서 전략과 실제 영업을 위한 마케팅을 고민하며 하루하루 일하고 있다.

짧다면 짧고 길다면 긴 20여년간의 직장생활 기간 동안 많은 일이 있었다. 몸담고 있는 회사에서 분에 넘칠 만큼 인정과 대우를 받았는가 하면, 어떤 때는 견딜 수 없는 수모를 당하기도 했다. 또 높은 연봉에 스카우트되기도 했고, 때로는 등 떠밀려 자의 반 타의 반으로 눈물의 사직서를 낸 적도 있다.

'산이 높으면 골이 깊다'는 말을 실감한 직장생활의 경험들을 통해 알게 된 것이 있다. 기업 성장의 진정한 비밀은 뛰어난 전략도, 엄청난 기술과 자본도 아닌 하루하루 제대로 밥값을 하는 직원들의 힘에 있다는 사실이다. 아무리 뛰어난 CEO가 대단한 미래 전략과 비전을 제시하고 기술을 개발한다고 해도 함께하는 직원들이 각기 다른 생각을 하고 밥값을 못한다면, 혹은 자신들이 정당한 노력만큼의 밥값을 받지 못한다는 피해의식을 갖고 늘 다른 곳을 기웃거린다면 거창한 전략과 비전이 있다 한들 무슨 의미가 있겠는가?

'밥값' 방정식 푸는
근의 공식을 찾아서

위대한 CEO는 비전과 전략을 세우기 전에 구성원의 마음을 얻는 것에서 시작한다. 성장이 멈춘 지금의 대한민국에 필요한 것은 모든 국민이 각자의 위치와 자리에서 성실하게 자신들의 밥값을 하는 것이다. 문제는 밥값은 제대로 하지 않으면서 더 바라기만 하고, 힘들게 노력해서 더 많은 밥값을 받는 이들의 성과를 배 아파해 헐뜯고 뺏으려고 하는 데서 시작된다.

또한 경영자들도 정당하게 직원들의 밥값을 인정하고 성과를 나누는 데 인색했던 기존의 태도를 바꿔야 할 것이다.

서로의 반목과 동상이몽을 해결해야 대한민국의 지속적인 성장과 기업의 발전을 꾀할 수 있는 힘과 에너지를 모을 수 있다. 밥값이라는 복잡한 문제는 마치 학교에서 배우던 수학의 고차 방정식과 같아서 쉽게 풀리지 않는다. 만약 이것이 쉬운 문제였다면 왜 수많은 기업에서 노사 문제가 발생하고, 1,900만 명의 직장인들이 고민에 빠지고, 사장님들이 스트레스를 받겠는가? 수학에서 '근의 공식'이라는 단순한 공식만으로 많은 방정식 문제를 풀었던 것처럼 서로의 밥값에 대한 방정식을 풀 수 있는 공식이 있다면 참으로 좋겠지만 쉬운 문제가 아니다.

하지만 세상의 모든 문제에는 다 해답이 있는 법. 위로는 사장님의 생각에서, 아래로는 말단 신입사원의 생각까지 하나하나씩 귀납적 방법으로 이해하고 풀어간다면 복잡한 밥값 방정식의 근의 공식을 발견할 수 있지 않을까?

나는 결코 인사 분야의 전문가도 아니고 관련 공부를 해본 적도 없다. 하지만 대한민국의 직장인으로서 내가 몸담고 있는 우리 회사에 정말 부끄럽지 않은 밥값을 하고 싶고, 또 밥값만큼 인정받고 싶다. 그리고 나를 따르는 직원들이 밥값을 제대로 할 수 있도록 도와주고 이끌어 주고 싶다. 결코 쉽지 않은 과제지만 보람있고 재미있을 것 같다.

그 해답을 찾아가는 과정에서 여러분도 같이 공감하며 각자의 입장에서 도움을 얻을 수 있다면 더 바랄 것이 없겠다.

차례

1부 / 아무도 가르쳐주지 않는 복잡한 직장생활의 방정식 6가지

2부 / 직장이라는 정글에서 어떻게 승리할 것인가?

『직장생활의 품격』
저자 심층 인터뷰

'저자 심층 인터뷰'는 이 책의 심층적 이해를 돕기 위해 편집자가 질문하고
저자가 답하는 형식으로 구성한 것입니다.

Q. 『직장생활의 품격』을 소개해주시고, 이 책을 통해 독자들에게 전하고 싶은
메시지가 무엇인지 말씀해주세요.

A. 직장인들은 불안합니다. 왜냐하면 회사는 자기 것이 아니기 때문
입니다. 그 와중에도 누구는 승승장구하며 CEO까지 올라가고 누
구는 비참하게 구조조정의 대상이 되기도 합니다. 마치 정글과
같은 직장에서 누구나 마음에 크고 작은 상처를 받기 마련이고,
자신의 마음을 지키느라 회사에 올인하지 않습니다. 하지만 두려
움을 극복하고 용기를 낼 때 이상형과 만나듯이, 열정을 다하고
자신에게 주어진 밥값을 다할 때 직장생활에서도 성공합니다. 본
인이 밥값을 한다는 확신이 있다면 흔들리지 않고 당당하게 직장

생활의 품격을 지킬 수 있습니다. 반면에 머리를 쓰고 눈치만 본다면 남들에게 손가락질을 받습니다. *연인사이에도 품격 있고 당당한 사람을 사랑하듯이 회사도 그런 사람을 사랑합니다. 이러한 원리를 안다면 직장생활의 불안감을 극복할 수 있다고 확신합니다.* 이러한 저의 생각을 독자들과 함께 나누어 보고 싶습니다.

Q. 직장인들의 성공을 위한 기존의 직장생활을 위한 책들과는 차별화되는 이 책만의 장점이 있다면 무엇인가요?

A. 저는 지금까지 직장생활을 22년째 하고 있습니다. 저 또한 산전수전 별의별 일들을 다 겪었습니다. 늘 불안하고 두렵고 스트레스를 받았습니다. 내가 가는 길이 과연 맞는 길인지 밤잠을 설치며 보낸 나날이 매우 많았고 지금도 가끔 수면제를 먹기도 합니다. 이 과정을 통해 제가 내린 결론은 고민할 시간에 차라리 제대로 된 밥값을 하자는 것입니다. 어떻게 하면 밥값을 하고 당당해질 수 있을지 저의 경험을 토대로 현실감 있게 정리해보았습니다.

　시중에도 나와 있는 직장인들을 위한 조언서들이 많지만 '밥값'과 '품격'처럼 명확한 주제를 가지고 접근하거나 현업으로 직장에서 치열하게 일하고 있는 저자가 쓴 책은 많지 않습니다. 주로 자기계발 컨설턴트나, 강사, 교수들이 쓴 책들이 많습니다. 이 책만큼 생생하고 현실적인 도움을 주는 책은 없다고 생각합니다. 새내기 사원부터 부장, 임원들까지 "그렇지" 하면서 고개를 끄덕이고 공감하며 마음에 간직하는 좋은 책이 되기를 바랍니다.

Q. 직장생활의 과정이 즐거워지면 반드시 좋은 성과와 평가가 따라온다고 하셨습니다. 직장생활의 과정을 즐긴다는 것은 어떤 말인가요?

A. 기존의 많은 책에서 성공한 CEO나 출세한 사람들이 "직장생활의 과정이 즐거워지면 반드시 좋은 성과와 평가가 따라온다"라는 말을 많이 했습니다. 하지만 이 말을 들은 사람들은 "그래 너 잘났다. 너처럼 출세하면 나도 직장생활을 즐기겠지. 오늘도 맨날 상사에게 깨지고 야근하는 마음을 네가 알아? 즐기기는 무슨…"이라고 생각할 것입니다. 저도 사원 시절에는 똑같이 반응했고 지금도 마찬가지입니다. 이런 생각으로 현실을 괴로워하고 짜증을 내며 직장생활을 하루하루 때우고 일을 적당히 하는 것은 본인의 선택입니다. 일하는 과정이 한없이 괴롭고 의미 없다고 본인이 정의를 내린다면 그것은 의미 없는 것이 맞습니다. 많은 사람이 행복이란 자신의 선택의 문제라고 이야기합니다. 본인이 행복함을 선택하느냐 불행함을 선택하느냐는 주어진 환경과는 상관이 없습니다.

어느 정도 직장생활 경력이 되다보니 긍정적인 생각으로 직장생활을 즐기는 사람과 업무에 억지로 끌려가며 화가 나 있는 사람들이 한눈에 보입니다. 윗사람이 잘 모를 것이라고 생각하지만 직장생활 경력이 긴 상사들은 다 알고 있습니다.

저는 즐기는 사람과 일하고 싶습니다. 억지로 일하는 사람을 힘들게 이끌고 싶지 않습니다. 그것이 좋은 성과와 평가로 이어지는 비결이기 때문입니다.

Q. 대부분의 직장인의 소망은 회사를 오래 다니는 것입니다. 조직에서 인정받으면서 직장을 오래다니는 사람들은 어떤 특출함이 있길래 승승장구하는 것일까요?

A. 그것은 저도 정말로 알고 싶은 비법입니다. 제가 터득한 것은 결코 일을 잘하는 사람만이 직장을 오래 다니면서 승승장구하는 것은 아니라는 것입니다. 물론 기본적인 실력과 역량은 갖추어야 합니다.

하지만 이 책에서 제가 언급한 2가지 철학이 필요합니다. 그것은 바로 '카르페디엠'과 '메멘토모리'의 철학입니다. 사원 시절부터 최고 임원이 될 때까지 탄탄대로 달려온 사람은 없습니다. 잘나갈 때가 있으면 못나갈 때가 있고, 인정받아 요직에 앉을 때가 있고 한직으로 밀려나 불안할 때가 있습니다.

'카르페디엠'은 어려움에 처한 사람들에게 미래의 불안감에 함몰되지 않고 현재에 집중하라는 말입니다. 반대로 '메멘토모리'는 죽음을 기억하라는 뜻입니다. 승승장구에 있는 사람들에게 언젠가 한계에 봉착될 수 있음을 알려주는 말입니다. 하지만 사람들은 이러한 철학이 부족합니다. 잘나갈 때 교만해져서 주변에 적을 만드는 사람이 있고, 조금만 참으면 될 텐데 못 견디고 뛰쳐나가거나 흔들리는 직원들이 있습니다. 저는 항상 이 2가지를 기억하며 오래가는 사람이 되고자 노력합니다.

Q. 현재 회사의 명함이 전부가 되어서는 곤란하다고 하셨습니다. 회사명함 외의 나만의 브랜드를 만드는 것은 무엇이고 그 브랜드를 어떻게 만들어야 할까요?

A. 개인의 브랜드란 그 사람이 어떤 사람인지를 말해주는 것입니다. 어떤 대학을 나와 어떤 회사에서 어떤 직무로 일하고 있는지는 일반적인 사람들이 가지고 있는 브랜드입니다. 조금이라도 더 좋은 브랜드를 만들기 위해서 초등학교 때부터 대학 입시를 준비해서 좋은 대학을 가고자 하고, 대학 입학과 동시에 취업에 매달려 좋은 회사에 입사하고자 합니다.

　하지만 그 이후에는 더 좋은 브랜드를 만들기 위해 어떠한 노력을 하나요? 이제는 대학이나 회사로 얻은 자신의 브랜드로 오래가는 시대는 끝났습니다. 현재는 평생직장에서 평생직업으로 바뀌는 시대이기 때문입니다. '식품회사에서 5개의 브랜드를 성공적으로 론칭해 매출을 5천 억까지 찍어본 식품 마케팅 계의 스티브 잡스' 혹은 'IT 회사에서 30개의 프로젝트를 깔끔하게 해치운 프로젝트 매니저 계의 국내 랭킹 5위' 등 자기만의 스토리로 브랜드를 만들어 갈 고민을 해야 합니다. *자신의 브랜드가 생기고 목표가 생기면 직장생활에 임하는 자세와 눈빛이 달라집니다. 현재 브랜드를 만들기 위해 노력하는 과정이 실제로 미래의 좋은 브랜드로 거듭나게 만드는 결과로 나타날 것입니다.*

Q. 어떤 기업에도 편하면서 승진도 잘되고, 빛을 보면서 스트레스는 적은 보직은 없다고 하셨습니다. 회사 내 보직을 바라보는 관점을 어떻게 가져야 할까요?

A. 사람이라면 누구나 편한 일을 하고 싶어 합니다. 저는 소위 '꽃보직'이라는 말을 좋아합니다. 군대 생활 동안 행정병으로 지냈습니다. 그래서 훈련을 적게 받고 남들보다 비교적 편하게 지냈습니다. 사회에 나와서도 그때처럼 꽃보직을 맡아 편하게 일하며 승진도 잘되고 월급도 많이 받는 일을 하고 싶었습니다.

그런데 아무리 찾아봐도 그런 보직은 없는 듯합니다. 하지만 젊은 직원들을 보면 아직도 그 꿈을 버리지 못하는 것 같습니다. 주 52시간 근무하는 시대가 되면서 일찍 퇴근해야 한다는 일종의 강박관념을 가지고 있습니다. 그래서 일이 편하고 야근이 없고 업무량이 적은 보직이 점차 인기가 많아지고 있습니다. 하지만 남들보다 일을 적게 하고, 편하게 일하는 보직 중 실력과 역량을 키우며 인정받고 중요 업무를 하며 성장하고, 자신의 실력을 쌓을 수 있는 좋은 보직을 본 적이 없습니다. 모든 것에는 대가가 따르는 법입니다. 그래서 선택을 잘해야 합니다. 그 선택의 결과는 10년이 지나고 20년 지난 후 본인의 밥값의 결과로 나타날 것 입니다.

Q. 직장인들에게 있어서 적성이란 내가 무엇을 더 잘할 수 있느냐가 아니라 내가 무엇을 할 때 좀더 잘 버틸 수 있느냐의 문제라고 하셨는데 어떤 의미인지요?

A. 젊은 직원들이 직장생활에 적응하지 못하고 방황할 때 하는 말의 대부분은 "적성에 맞지 않아서"라고 합니다. 퇴사 사유를 조사해

봐도 가장 많은 답변이 "적성에 맞지 않아서 자신의 적성에 맞는 곳으로 가려고 한다"고 합니다.

22년간 회사생활을 해온 저에게 지금의 일이 적성에 맞느냐고 물어보면 그렇다고 대답할 자신은 없습니다. 저도 무엇인가 미치도록 하고 싶은 일이 있다면 지금이라도 결단을 내리고 도전하고 싶은데, 불행하게도 딱히 그런 일이 없습니다. 그래서 가끔 언론에서 자신의 꿈에 도전하거나 예술을 하고 사업에 뛰어드는 사람들의 사연을 보면 너무나 부럽습니다.

하지만 주변을 봐도 무엇인가에 미쳐있는 사람들 보다는 저와 같은 평범한 사람들이 대다수인 것 같습니다. 적성을 고민하는 젊은이가 정말 미치도록 하고 싶은 일이 있다면 당연히 그쪽으로 뛰어가야 합니다. 하지만 그렇지 않다면 지금의 일이 적성에 맞는 일이고, 적성이라는 것은 본인의 관점·생각, 상황에 따라서 변할 수 있는 아주 가변적인 것이라고 말하고 싶습니다. 그것은 저의 대학 전공부터 지금까지 변화하며 만들어온 커리어를 보면 알 수 있으리라 생각합니다.

Q. 직장생활에 있어 '갑'이 되기보다는 '을'이 되라고 말씀하셨는데, 왜 을이 되어야 길게 가고 궁극적으로 성공할 수 있는지 이야기해주세요.

A. 갑과 을은 인류의 역사의 시작과 더불어 이어져 내려오는 인간관계의 기본입니다. 어떤 사회건 힘을 가진 자는 갑이고, 갑에게 잘 보여 무엇인가를 얻어내어야 먹고 살 수 있는 이는 을입니다. 만약

평생 갑으로 살 수 있다는 자신이 있다면 아무 문제가 없습니다.

하지만 이 세상에 그런 일은 없습니다. 누군가는 누군가의 을이 될 수밖에 없고, 또 누군가는 누군가의 갑이 되는 것이 세상 이치입니다. 주변을 보면 목에 잔뜩 힘이 들어가고 권력을 마음껏 휘두르는 사람들이 있습니다. 무엇을 믿고 저러나 싶기도 하지만 지금의 상황을 봐서는 그럴 수도 있다고 생각하기도 합니다.

반대로 항상 겸손하고 친절하게 남을 도와주는 을의 자세로 일관하는 사람도 있습니다. 비굴하지만 않다면 누구나 그런 사람을 좋아해 항상 주변에 사람들이 많습니다. 10년이 지난 후 두 사람 중에 누가 더 성공하고 직장생활의 품격을 지키게 될지는 자명합니다. *교만하고 갑질하는 것이 품격 있는 것이 아닙니다. 진정한 성공과 품격은 을의 마인드로 섬기는 사람에게 반드시 더 가깝게 다가온다고 믿습니다.*

Q. 일 근육을 키우라고 하셨습니다. 일 근육이란 무엇이고 어떻게 해야 키울 수 있는 것인가요?

A. 항상 일에 허덕이며 제대로 일을 못하는 사람이 있고, 일을 다스리면서 일이 많아도 척척 해내는 사람이 있습니다. 머리가 좋아서도 아니고 학벌이 좋아서도 아닙니다. 일을 제대로 해보지 않은 사람은 아무리 머리가 좋아도 일이 주어졌을 때 무엇부터 손을 대야 할지 모릅니다. 모든 것은 얼마나 일을 해보았느냐가 좌우합니다. 특히 신입사원 시절에 편한 부서에서 마음 좋은 팀장

을 만나고 배려심 많은 선배와 일하는 것은 축복이 아니라 재앙입니다.

직장생활을 하다 보면 반드시 일이 많은 부서에서 성격 나쁜 팀장과 자기 일을 미루는 선배들을 만나기 마련입니다. 이 상황을 겪게 되면 허둥지둥 일에 치이게 됩니다. 신입사원 시절에는 이런 모습을 귀엽다고 그냥 넘어가 주지만, 대리나 과장이 되어서도 이런 모습을 보이면 안 됩니다. 일 근육이란 일을 제대로 해낼 수 있는 능력을 말합니다. 평소에 매일 운동하며 무거운 바벨을 들고, 더 먼 거리를 달려서 근육을 키우면 결정적인 순간에 힘을 낼 수 있습니다.

하지만 평소에 운동을 잘 하지 않고 누워서 TV만 보면 힘을 내야 할 때 다치게 됩니다. *일 근육은 오래가고 싶은 직장인들에게 반드시 필요한 능력입니다. 일 근육이 있는 사람은 항상 품격을 지킵니다. 허둥지둥 약한 모습을 보이지 않습니다.*

Q. 오늘도 고군분투하며 직장에서의 하루를 보내는 직장인들에게 격려 한마디 부탁드립니다.

A. 우리 삶의 궁극적인 목표는 행복입니다. 직장에서의 생활도 행복해지기 위한 것입니다. 하지만 아무리 직장에서 출세했다고 하더라도 자존감이 낮아진다면 행복해지지 않습니다. 저는 대기업의 오너 회사에서 전문경영인으로 출세한 CEO를 개인적으로 알고 있습니다. 많은 사람은 그를 존경하고 부러워하지만 그는 일주일

에 한 번씩 하는 오너와의 독대 시간이 가장 두렵다고 합니다. 치욕적인 욕설이 자연스럽게 나오는 그 회의에서 참을 수 없는 자괴감에 신경정신과를 다니고 있습니다.

물론 이런 경우는 흔치는 않습니다. 직장에서 월급을 받지만 본인의 자존감과 삶의 품격이 무너진다면 결코 행복해질 수 없습니다. 직장인으로서 자신의 품격을 지키는 유일한 방법은 밥값, 즉 자신의 역할을 제대로 해내는 것입니다. 밥값을 한다는 자신감이 생기면 당당해지고 주변에 긍정적인 기운을 일으킵니다. 그리고 일을 제대로 해내고 인정받고 성과를 올리는 선순환의 고리로 들어갑니다.

그런 사람은 반드시 출세하고 성공하고 직장에서 오래갑니다. 저는 이 책을 읽는 모든 분들이 자신의 품격을 생각하는 시간을 가지면 좋겠습니다. 멋지지 않습니까? 비록 바쁘고 힘든 직장생활이지만 자신의 품격을 지켜낸다면 그 사람은 행복에 한 걸음 더 가까이 간 사람입니다. 저도 내일 출근한다면 매출의 스트레스를 어떻게 이겨내야 할지, 밥값은 제대로 해낼 수 있을지 걱정이 됩니다. 그래서 하루하루 도전하고자 합니다.

직장인이라면 누구나 직장생활을 잘하고 싶어한다. 신입사원이든 20년 차 부장이든 직장에서 전전긍긍하고 싶은 사람은 없다. 조직에서 인정받고 싶어한다. 하지만 왜 이렇게 잘 풀리지 않는 것일까? 왜 제대로 된 기회가 주어지지 않고, 한심한 상사 밑에서 하찮은 일만 하고 있는 것일까? 이런 상황에서 생각의 관점을 바꿔보자. 갑자기 모든 상황이 하나도 이상하게 느껴지지 않을 것이다. 꼬여만 가는 직장생활을 해결할 6가지의 방정식, 생각의 공식을 같이 풀어보자.

1부

아무도 가르쳐주지 않는
복잡한 직장생활의 방정식
6가지

이끌든지,
따르든지,
비키든지

'나는 과연 이 3가지 중에 지금 무엇을 하고 있는가?' 직장인들의 밥값은 이 3가지 유형으로 나뉘어진다고 믿기 때문이다. 나는 비켜주는 것으로 밥값을 하는 직장인은 절대로 되지 않으리라 다짐한다.

미국 CNN 방송국을 설립하고 AOL 타임워너라는 최고의 미디어 제국을 일궈낸 불세출의 경영자, 테드 터너Ted Turner. 그는 자살한 아버지가 운영하던 도산 직전의 옥외 광고기업을 20대 초반에 물려받아 뛰어난 사업 수완을 발휘하고, 회사를 흑자로 전환시키는 데 성공했다. 그 후 사업을 지역 유선 방송국으로 확대한 그는 거기에 안주하지 않고, 누구도 생각하지 못한 새로운 꿈에 도전하게 된다.

그 꿈은 뉴스 전문 채널을 만들어 전 세계 사람들에게 24시간 뉴스를 제공하겠다는 것이었다. 당시 미국 국민들은 우리나라의 KBS나 MBC 9시 뉴스같은 3대 방송사, 즉 NBC, ABC, CBS 뉴스만 정해진 시간에 시청할 수 있었다. 제한된 시간에 제한된 포맷으로 작성된 뉴스만 접하다 보니 대중들은 사건의 진실에 다가가기 어려웠고, 생생한 현장의 소리를 듣는 데에도 한계가 있었다.

테드 터너는 목표를 이루고자 1980년 CNN을 창립하게 된다. 당시 모든 방송계나 언론계 사람들은 CNN을 얼간이 뉴스라고 폄하했고, 대중들의 반응도 시큰둥해 회사 창립 후 몇 년간은 극심한 경영난에 시달렸다.

그러나 '하늘은 스스로 돕는 자를 돕는다'고 했던가. 1990년에 발발한 미국 걸프전이 모든 상황을 뒤바꿔 놓았다. 1970년대 월남전 이후 미국이 주도하는 최대의 국제전쟁이었던 걸프전에 전 미국인들은 촉각을 곤두세웠고, 매일매일 무슨 일이 있어났는지 알고 싶어했다. 특히 남편과 아들을 전쟁터에 보낸 가족들은 유일하게 시간 제약 없이 시청할 수 있는 CNN의 전쟁 뉴스를 보면서 마음을 졸였다. CNN 기자들은 용감하게 전장을 누비면서 24시간 내내 실시간으로 전장의 상황을 전했다. 그때서야 미국인들은 CNN에 고마움을 느끼기 시작했다. 이를 계기로 CNN은 비약적인 발전을 이루었다.

CNN 창립자 테드 터너,
'혁신에 방해되는 자 나가라'

테드 터너는 돈키호테처럼 괴팍한 성격을 가졌다고 한다. 꿈을 꾸는 몽상가가 모두 그렇듯 그는 일에 미친 워커홀릭이었다. 24시간

방송하는 뉴스 채널 CNN처럼 그는 24시간 일에 미쳐 있었다. 사무실에서 먹고 자면서 숙식을 해결했고, 때로는 사무실에서 샤워를 한 뒤 알몸에 샤워가운만 걸친 채 CNN 본사를 활보하고 다녀 직원들을 당황하게 만들기도 했다.

일개 지역 유선 방송국을 운영하던 그가 24시간 뉴스 채널을 창립하겠다고 했을 때 아마도 직원들은 엄청난 충격에 빠진 채 삼삼오오 모여 이런 이야기들을 주고 받았을 것이다.

'말이 좋아 혁신과 도전이지 지금까지 듣도 보도 못한 일을 하겠다는 것인데, 과연 그것이 가능한 일인지, 그렇지 않아도 일이 넘쳐서 매일 야근의 연속인데 아예 24시간 체제로 실시간 뉴스를 방송하게 되면 이제 정말 집에 가는 것은 포기해야겠네. 이러다 방송국이 망하면 내 일자리는 어떻게 되나? 미친 사장 하나 때문에 회사 전체가 위험에 처하게 되는구나.'

실제 많은 직원이 사표를 내고 좀더 편안하고 안전해 보이는 직장으로 옮겼을 것이고, 그나마도 자리를 찾지 못한 사람들은 이러지도 저러지도 못하는 상황에서 울며 겨자먹기로 회사를 다녔을 것이다.

그 가운데 테드 터너와 마음이 통하는 몇몇 도전적인 직원들은 그 뜻을 받아들여 24시간 내내 카메라를 매고 사고현장으로, 때로는 전쟁터로 달려가 뉴스를 전했겠지만, 수 년간 지속되는 회사 재정난에 노력한 만큼 대우를 받지 못한다고 생각하며 하나둘씩 지쳐 갔을 것이다. 일부는 다른 언론사가 더 높은 연봉을 제시하며 접근할 때 못이기는 척 옮겨 갔을 것이고, 일부는 기왕 시작했으니 테드 터너와 끝까지 가보겠다는 호기로 스카우트를 뿌리치며 다시 카메라를 들고 걸프전행 비행기를 탔을 것이다.

이렇게 많은 직원의 다양한 반응과 모습들을 보면서 테드 터너는 무슨 생각을 했을까? 자신의 무모한 도전으로 힘들어하는 직원들에 대한 미안함도 있었을 것이고, 한편으로는 사사건건 반대하며 자기 뜻에 따라주지 않는 이들을 보며 마음속에 분노도 치밀었으리라.

그래도 자신의 꿈을 이루기 위해서는 그런 직원들까지 잘 이끌어 각자의 밥값을 하도록 유도하고 독려해 성과를 만들어내야 했을 것이다. 당시 유례 없는 도전을 시작한 CNN은 마치 전쟁터 같은 상황이어서 직원 하나하나가 제 역할을 해주고 자신들의 역량을 발휘해야 했다. 한가한 다른 방송사처럼 움직여서는 안 되는 상황이었던 것이다.

어느 날 테드 터너는 고민 끝에 전 직원들을 모아 놓고 미국 기업 경영사에 남겨질, 역사적인 말을 남겼다.

"Do Something! Lead, Follow or Get out of Here!(무엇이든 해라! 이끌든지, 따르든지, 아니면 여기서 나가라!)"

참으로 무서운 말이다. 아마도 그로서는 참고 또 참고, 고민하고 또 고민하다 외친 일성일 것이다. 비교적 고용시장이 자유로운 미국일지라도 테드 터너의 발언은 직원들에게 매우 충격적으로 다가왔을 것이다.

벤처라면
테드 터너처럼

만약 우리나라에서 기업의 오너나 사장이 이런 말을 했다면 아마 노동조합이 들고일어났을 것이다. 노동조합이 없다면 급조해서라도 만들어 투쟁하겠다고 몇몇 직원들이 선동하고 다녔을 것이다.

그러나 *테드 터너가 직원들을 향해 정말 하고 싶었던 말은 "Get out of Here!", 즉 "당장 회사에서 나가라"는 것이 아니라 바로 "Do Something!" "무엇이든 하라"는 것이다.*

직원이 회사에서 월급을 받으면 무슨 일이든 해서라도 밥값을 해야 하는 것은 당연하다. 무엇이든 한다면 그 직원은 밥값을 하는 것이고, 이는 그리 대단한 일도 아니다. 모든 직원이 솔선수범해서 회사를 이끌고 리드하는 것은 바라지도 않는다. 경영자 입장에서는 직원들이 그저 정해진 방향대로 따라만 와줘도 고마운 일이고, 그것이 충분히 밥값을 하는 것이다. 테드 터너가 한 말에는 "비록 힘들고 불안정한 도전의 길이지만 묵묵히 따라와줬으면 좋겠다"는 간절한 바람이 담긴 것이다.

그런데 이끌지도, 그렇다고 따를 생각도 없는 직원들은 본능적으로 'Get out of Here'라는 말에 촉각을 곤두세우고 자신을 방어하려고 한다. 그리고 본인들이 해야 할 일은 투쟁이고, 사장의 방침에 제동을 거는 것이라고 생각한다. 그것이 본인들의 밥그릇을 지키고 밥값을 쟁취하는 길이라고 생각하는 것이다.

어쨌든 이 모임 이후 CNN은 조금씩 변화해 갔을 것이다. 그렇지 않았다면 지금의 CNN과 CNN의 성공 발판 위에 세워진 타임워너라는 제국은 존재하지 않았을 테니까 말이다. 테드 터너의 본심을 읽고 공감한 직원들이 하나둘씩 움직이기 시작해 하나가 되고, 자신들의 밥값을 하기 위해 무엇이든 했을 것이다. 또 따를 의지도, 역량도 없는 직원은 무엇이든 하라는 테드 터너의 부탁에 따라 회사를 떠나는 방식으로 밥값을 대신 했을 수도 있다.

이 이야기는 미국 기업가들 사이에서 자주 회자되는 것으로 구글에서 테드 터너를 검색하면 가장 먼저 나올 정도로 유명한 일화다. 아마도 직원들에게 월급을 주는 사장이나 상사들 입장에서 자신들이 하고 싶었던 이야기를 테드 터너가 속시원히 대신 해주었다고 느끼는 것 같다.

나는 몇 년 전에 외식 주문 어플리케이션 '배달의 민족'으로 유명한 벤처기업 '우아한 형제'의 김봉진 대표를 만나기 위해 사무실을 방문했었다.

김봉진 대표는 위에서 설명한 테드 터너의 이야기를 한국식으로 '이끌든지, 따르든지, 비키든지'라는 간단하고 명료한 3단어로 표현하고 강하고 힘있는 필체로 써 포스터를 만들어 놓았다. 나는 사무실 벽에 붙어있는 포스터를 보고 망치로 한대 머리를 얻어맞은 것 같은 충격을 받았었다.

'Get Out of Here'라는 거칠고 부정적이며, 자칫 반발을 불러일으킬 수 있는 문장을 '비키든지'라는 부드럽고 완화된 단어로 표현함으로써 절묘하게 테드 터너의 심중을 직원들에게 전달한 것이다.

직원들의 한마음과 역량 발휘가 무엇보다 중요한 벤처기업을 이 끄는 김봉진 대표의 고민과 새로운 도전에 나선 테드 터너의 고민 은 같았으리라.

직원들을 한 방향으로 이끌어 '벤처'라는 총성 없는 전쟁터에서 살아남으려면 결국 도전과 혁신을 해야 한다. 그것을 이루어내기 위 해서는 직원 한 명 한 명이 밥값을 위해 무엇이든 해야 하는데, 그렇 지 못한 직원들을 볼 때 벤처기업 사장으로서 얼마나 속이 탔겠는가.

직원 입장에서 할 수 있는 '최고의 밥값'은 물론 '이끄는 것'이 다. 그것이 어렵고 역량이 안 된다면 이끄는 사람들을 따라만 줘도 밥값은 충분히 하는 것이다. 하지만 벤처기업이든 글로벌 대기업 이든 조직 내부에는 새로운 도전을 하고 이끄는 사람들을 오히려 질투하고 방해하며 사기를 떨어뜨리는 위인들이 너무나 많다.

이건희 회장,
신경영 선포하며 '뒷다리론' 강조

1994년 삼성 이건희 회장은 새로운 삼성그룹의 창조를 위해 신경 영을 선포하고 기업 문화를 대대적으로 혁신하면서 너무도 유명한 말을 남겼다. 이름하여 '뒷다리론'.

삼성은 앞으로 광속으로 초일류 기업을 향해 달려나갈 텐데 아직도 조직 안에는 앞으로 달려가는 리더나 동료들의 뒷다리를 잡고 방해하는 것을 업으로 삼고 있는 이들이 너무 많다는 것이다. 이건희 회장은 그런 사람들을 일벌백계하고 솎아내 일사불란하게 신경영과 초일류 기업 비전을 달성할 것이라고 천명했다.

이 이야기를 들으면서 그 어느 직원도 자신이 바로 이건희 회장이 말하는 '뒷다리 잡는 사람'이라는 생각을 하지 않았을 것이다. 자신이 솔선수범해서 이끌지는 않아도 나름대로 충실히 방향에 따르고 있다고 생각했을 것이다.

하지만 모든 언행은 과거와 달라진 업무와 기업 분위기를 불평하는 데 집중된다. 변화를 거부하고, 지금 세상이 어떻게 돌아가는지에 대해서 관심조차 없다. '지금까지 잘 버텨왔으니 나 하나쯤이야 하던 대로 해도 되겠지'라는 생각으로 과거의 성공방식을 고집한다. 앞장서 변해가는 동료나 후배들을 보며 지나치다고 비웃었을 것이다.

이런 종류의 직원들을 일컬어 이건희 회장은 '뒷다리 잡는 사람' 정도로 표현했지만, 테드 터너와 김봉진 대표는 아주 명확하게 그들이 밥값을 할 수 있는 구체적 방법을 제시했다. 바로 '비켜주는 것'이다.

굳이 사표를 내지는 않더라도 다른 직원들이 일을 추진할 수 있도록 길을 비켜주고 뒷다리 잡지 않고 가만히 있는 것만으로도 충분히 밥값을 하는 것이다. 사장과 상사 입장에서는 이 또한 고마운 일이다. 우리나라 최고 기업 삼성에서도 이러한 직원들이 많아 이건희 회장이 그토록 고민했을 정도니 다른 기업들은 오죽하겠는가?

나는
어떤 유형인가

'나는 과연 이 3가지 중에 지금 무엇을 하고 있는가?' 직장인들의 밥값은 이 3가지 유형으로 나뉘어진다고 말할 수 있다. 나는 비켜주는 것으로 밥값을 하는 직장인은 절대로 되지 않으리라 다짐한다.

부하직원들과 미팅을 할 때 무엇을 하고 있냐고 물어본다. 그리고 그냥 가만히 하던 대로 있지 말고 이 3가지 중에 무엇이든 하라고 말한다.

물론 비키라는 표현은 절대 쓰지 않는다. 그런 말을 군이 할 필요가 없기 때문이다. 배달의 민족의 포스터를 보고 하게 되는 생각을 직장인이라면 누구나 똑같이 느낄 수 있으리라 믿는다.

2장

피할 수 없으면 즐겨라,
즐기는 자는
당할 자가 없다

직장생활은 스트레스의 연속이다. 그것은 어쩔 수 없다. 남의 돈을 매
달 또박또박 받는 것이 쉬운 일이겠는가? 밥값을 하는 직장인은 직장
에서 주는 스트레스를 견뎌야 하는데, 그 비결이 반드시 있을 것이다.

나는 미국 영화배우 브루스 윌리스Bruce Willis를 매우 좋아한다. 특히 영화 〈다이하드〉에 나온 브루스 윌리스 말이다. 대학생 때 처음 본 〈다이하드〉 시리즈는 그동안의 진부한 액션영화를 일거에 정리해버린 정말 멋진 작품이었다. 영화 〈다이하드〉가 세상에 나오기 전, 대부분의 액션영화 주인공들은 사명감에 불타는 첩보원이거나 원수를 갚기 위해 복수심에 불타는 인물이었다. 이에 반해 〈다이하드〉의 브루스 윌리스는 거창한 이유가 아니라 부인을 만나러 왔다가 우연찮게 일에 엮이게 되는 인물이다. 악당과 싸우면서도 계속 '내가 왜 이 짓을 하고 있지?'라며 투덜댄다. 그러면서도 악당을 하나하나 해치우는 모습은 정말 매력적이었다.

'브루스 윌리스' 앨범에서 발견한
평생 좌우명

여러분들은 브루스 윌리스가 젊은 시절에 가수였다는 사실을 아는가? 대학생 때 우연히 음반 매장에 갔다가 브루스 윌리스의 앨범을 보고는 깜짝 놀란 적이 있다. 자신의 이름과도 비슷한 블루스blues 스타일의 노래를 했던 그는 영화를 찍기 전에는 브로드웨이 같은 곳에서 테너 가수로 활동했었다고 한다.

음반 매장에서 그의 앨범을 처음 본 그날, *나는 평생 함께 할 좌우명을 만나게 된다.* 바로 그의 앨범 재킷에 새겨져 있는 '*If it does not kill yourself, it just makes you stronger*'라는 문장이다. 우리말로 번역하자면, *"만약 그것으로 인해 네가 죽지만 않는다면, 단지 그것은 너를 더 강하게 만들 뿐이다"*라는 의미로, 〈다이하드〉 속 주인공인 브루스 윌리스다운 말이다. 영화 〈다이하드〉의 뜻 역시 '죽기도 힘들다' 정도가 될 것이다.

당장 앨범을 구입해 집으로 달려가 그의 노래를 듣고 또 들었지만, 사실 노래보다 재킷에 적혀 있는 문장이 너무 멋있어서 앨범을 책상 앞에 붙여놓고 보고 또 보았다. 그러면서 브루스 윌리스처럼 남자답고 멋있게 살 것이라고 다짐했었다.

대학생 시절에 뭐 그리 힘든 일이 있었겠냐마는, 아마도 앞으로 펼쳐질 파란만장한 직장생활을 예견하고 미리 준비했던 것이 아닌가 싶다.

일반 사원부터 팀장까지 상당수의 직장인이 회사 다니기 힘들어 죽겠다고들 한다. 임원이 된다고 달라질까? 그땐 또 일년짜리 계약직이라며 힘들어 죽겠다고 한다.

지속되는 야근으로 늘 피곤하고, 주말에도 푹 쉬지 못한다. 영업 목표에 대한 스트레스 때문에 밤에 잠도 잘 못 자고 불면증에 시달린다. 가끔 신문에는 과로로 숨진 직장인이 기사화되기도 한다. 다들 힘들어 죽겠다고는 하지만 정말로 일 때문에 힘들어 죽은 사람들은 신문에 나올 정도로 흔한 일이 아니니 많은 직장인이 실제로 죽는 것 같지는 않다.

그런데 재미있는 것은 임원이 되고 보니 팀장 때 고민하고 힘들어했던 큰 스트레스 요인이 아무것도 아닌 것처럼 보이기 시작했다는 점이다. 어차피 팀장으로서 할 수 있는 일이나 책임에는 한계가 있다. 회사의 모든 짐을 혼자 다 지고 혼자 고생하는 것 같은 팀장의 스트레스가 괜한 푸념처럼 보이는 것이다.

아마도 팀장급은 아래 과장이나 대리를 보고 똑같은 생각을 할 것이다. 팀을 이끌고 있는 팀장이 있는데 과장이나 대리가 힘들면 얼마나 힘들겠는가? 야근이 힘든가? 주말에도 출근하는 것이 억울한가? 그렇다고 죽기까지야 하겠는가?

평사원들에게는 미안한 이야기지만 사원급 직원들이 회사일로 힘들어 죽겠다고 하는 말을 들으면 가끔 웃음이 난다. 20대나 30대 초반의 튼튼한 체력으로 회사에서 새로운 것을 배워가는 입장에서 무슨 고민이 그렇게 많아 밤잠까지 설칠까?

이같은 생각을 잘 표현한 속담이 '개구리 올챙이 적 생각 못한다'일 것이다. 나 역시 15년 전만 해도 직장생활이 너무 힘들어 '이러다 정말 죽을 수도 있겠구나'라는 생각을 했었으니 말이다.

죽도록 힘들었던
나의 30대 직장생활

나의 본격적인 사회생활은 1998년, 이름도 길어 외우기도 힘든 '프라이스워터하우스쿠퍼스Pricewaterhouse Coopers; PwC'라는 미국 경영 컨설팅 회사에서 시작되었다. 그 전에도 잠시 대기업을 다녔고, 서울 소재의 한 사립대학교에서 잠시 교수로 임용된 적은 있었지만 본격적으로 시작한 직장생활은 PwC가 처음이었다.

당시 우리나라는 IMF 직후여서 경영 체질을 근본부터 바꾸고 소위 글로벌 스탠다드에 맞추기 위한 기업들의 니즈가 컸으므로 경영 컨설팅이 최대 호황기를 누릴 때였다. 컨설팅 경험이 일천했지만 여러 기업의 컨설팅 프로젝트를 수행하면서 자신감이 붙어갔고 회사에서도 인정받아 당시 비즈니스 업계의 최고의 화두였던 e-비즈니스 분야의 책임자직을 맡았다.

당시 컨설턴트로서 기업 프로젝트를 맡아 진행할 때는 매일 밤 12시까지 일하고 주말마다 회사에 나가 다른 프로젝트 제안서를 썼다. 몸은 힘들었지만, 정말 재미있었다. 당시 삼성전자, LG전자,

아모레, 포스코 등 대기업의 프로젝트를 주로 했었다. e-커머스(전자상거래)라는 개념이 처음 나오고 아마존이 미국에서 주목받기 시작한 때였다. 그야말로 어느 누구도 앞으로의 산업 향방을 가늠할 수 없는 상황에서 내가 국내 굴지의 기업들의 전략 방향을 고민한다는 것 자체가 너무도 흥분되고 자부심도 느껴져서 새벽에 퇴근해도 전혀 힘든 줄 몰랐다. 4시간 정도 잠깐 눈 붙이고 다시 회사에 나가는 생활이 1년 넘게 이어졌지만 지치지 않았다. 오히려 돈을 받아가며 일을 배운다는 생각에 지금으로서는 상상도 안 되는 업무 강도였지만 오히려 힘이 났던 것 같다.

하지만 좋은 시절은 잠시, 2001년 후반부터 컨설팅 분야의 거품이 꺼지기 시작했다. 포스코, 삼성전자 같은 대형 기업들의 프로젝트들이 연이어 종료되면서 그동안 호황을 누렸던 회사에 위기가 오고 어쩔 수 없이 인력 구조조정을 단행하기 시작했다.

당시 대기업의 구조조정 컨설팅이 과감하게 진행되어서인지 회사 경영층은 자사 컨설턴트에 대한 구조조정을 과감하게 진행했다. 그로 인해 많은 컨설턴트가 회사를 떠났다.

구조조정 여파는 내가 맡은 팀에도 영향을 미쳤다. 당시 35명 정도의 팀원들이 있었는데, 나에게 10여 명을 정리하라는 명령이 떨어졌다. 참으로 난감했다. 어떻게 매일 같이 밤을 새워가며 고생하고, 나를 리더로서 믿고 따라준 동료들을 내보낸단 말인가? 그 중 일부는 멀쩡하게 좋은 대기업에 잘 다니고 있던 친구들을 스카우트 해온 것이었다. 컨설팅의 미래와 비전을 설파하면서 말이다.

스트레스 불면증에
클라이언트 앞에서 졸기도

그때부터 죽음과도 같은 나의 직장생활이 시작되었다. 몸만 고달
프던 상황에서 정신적으로도 괴로운 나날들이 이어졌다. 나의 팀
원들을 지키려면 컨설팅 프로젝트를 따와야 했다. 프로젝트를 따
서 팀원을 투입해 돈을 벌어와야 구조조정 명분이 사라지기 때문
이다.

하지만 앞서 이야기한 대로 컨설팅 거품이 꺼지는 시점이었기
때문에 프로젝트를 하겠다는 회사를 찾기 힘들었다. 그래도 할 수
있는 만큼 최선을 다했다. 낮에는 진행하고 있는 프로젝트를 수행
했고, 밤에는 어떻게든 프로젝트를 따내기 위해 제안서를 썼다. 프
로젝트를 할 의향이 전혀 없는 회사까지 찾아갔다. 열심히 자료를
만들어 임원들 앞에서 프레젠테이션을 하고, 워크숍도 해주면서
어떻게든 주머니를 열도록 설득했다.

하지만 쉽지 않았고, 회사에서는 빨리 팀원을 해고하라는 독촉
이 심해졌다. 결국 스트레스로 인한 불면증에 걸리면서 잠을 제대
로 이루지 못하게 되었다. 잠을 제대로 못 자니 일에도 영향을 미
쳤다. 당시 프로젝트를 하고 있던 회사는 내가 프로젝트에 불성실
하다며 불평했고, 또 회사는 새로운 프로젝트를 언제 수주할 것이
냐며 압박했다. 사면초가에 몰린 상황이었다. 새벽 1시경 집에 들
어가 침대에 누워도 좀처럼 잠을 이룰 수가 없었다. 결국 뒤척이다

가 새벽 4시경 일어나 당시 프로젝트를 진행하던 수원까지 출근하는 생활이 오랜 기간 이어졌다. 그땐 정말 '이러다 죽지 않을까' 하는 생각이 들었다.

신경정신과 병원을 다니며 여러 종류의 수면제를 먹어 보기도 했다. 졸피뎀zolpidem이라는 수면제가 제일 잘 듣는다는 것을 알게 되었을 때쯤엔 이미 심신 상태가 말이 아니었다. 그러다 한 번은 정말 어이없는 상황이 벌어졌다.

새롭게 시작한 프로젝트에서 해당 회사의 사장 인터뷰를 하게 되었다. 최종 결정권자와의 미팅이므로 컨설팅 프로젝트에 있어 가장 중요한 순간이었다. 중요한 인터뷰를 앞두고 나는 긴장하며 준비를 마쳤다. 너무 긴장한 탓인지 수면제를 먹었는데도 잠을 못 이루고 거의 뜬 눈으로 밤을 샜다. 다음날 그 회사 임원과 함께 사장실에 들어가 프로젝트에 관해 설명한 뒤 사장의 생각과 방향에 대해 질문하기 시작했다. 그런데 약 30분 정도가 지나면서 집중력이 떨어지고 머리가 어지러워지기 시작했다. 말을 횡설수설하고 급기야 사장이 말을 하고 있는데 내가 눈을 감고 졸고 있는 것이 아닌가.

참으로 황당한 일이 벌어진 것이다. 그 회사 사장도 임원도 정말 황당했을 것이다. 사장 인터뷰를 하면서 정작 컨설턴트란 사람이 질문을 해놓고는 바로 앞에 앉아 졸고 있으니 말이다. 당황한 임원이 회의 탁자 밑으로 내 정강이를 걷어 찼고, 깜짝 놀라 일어난 나는 이래저래 겨우 인터뷰를 마무리했다. 지금 생각하면 그 회사 사장은 참으로 좋은 분이었다. 날 나무라지도 않았고 그냥 웃으며 넘어가줬다. 하지만 사장실에서 나온 뒤 내가 담당 임원에게 어떤 일을 당했을지는 여러분 상상에 맡기겠다.

스트레스 백신, 젊을 때 맞아라

이런 사고를 칠 정도로 심신이 완전히 피폐해진 나는 더이상 견딜수가 없었다. 7~8개월 정도 이어진 지옥 같은 직장생활은 의외로 간단하게 끝났다. 회사에서 나에게 팀원 명단을 주며 정리대상 10명의 이름에 동그라미를 치라고 명령했다. 최후통첩이었던 것이다.

나는 35명의 명단 제일 위에 내 이름 '장중호'를 크게 쓰고 그 위에 동그라미를 그린 뒤 제출하고는 그 날로 짐을 싸서 회사를 나와버렸다.

지금 생각하면 '왜 그렇게까지 했나' 싶지만 그 당시엔 이러다정말 죽을 수도 있겠다는 생각이 들었다. 그 당시는 30대 초중반의건강한 청년이었기에 견뎌냈지만, 지금과 같은 50대의 나이라면몸에 중병이 생겼을 것이 분명하다.

결국 당황한 회사는 나의 기세에 눌려 아무도 해고하지 못하고팀이 해체되었다. 각각 다른 팀으로 흩어지긴 했지만 한 명도 자르지는 못했다. 그때 그 친구들이 지금은 컨설팅 업계나 굴지의 기업에서 리더급이 되어 다들 한 자리씩 차지하고 있는 것을 보면 뿌듯하기도 하다.

그렇게 갑자기 회사를 나온 바로 그 날 신기하게도 저녁부터 잠이 잘 오기 시작했다. 마음이 편안해지면서 모든 생활이 정상으로 돌아왔다. 마음을 비운다는 것이 아마도 그런 것이 아닐까 싶다.

다행히 KPMG인터내셔널이라는 미국 컨설팅 회사에서 제안이 왔다. 바로 일을 시작하면서 '새옹지마'라는 고사성어처럼 오히려 더 좋은 기회를 얻게 되었다.

브루스 윌리스의 앨범 제목 〈If it does not kill yourself, it just makes you stronger〉은 지금까지 설명한 나의 진한 경험을 통해 볼 때 불변의 진리다. 대학생 신분으로 아무 생각 없을 때 봤던 문구였지만, 힘들 때마다 나에게 매우 큰 힘이 되었다.

노트북 바탕화면에 이 문구를 띄워 놓고, 힘들 때마다 스스로에게 말했다.

"이토록 힘든 상황에도 정말 내가 죽어버리지만 않는다면, 이것은 단지 나를 더 강하게 만들어줄 뿐이다."

덕분에 나는 더 강해졌고, 그 후에도 수차례 직장생활에 위기와 어려움이 있었지만, 당시 상황을 생각하며 견뎌냈다.

'그때에 비하면 지금은 아무것도 아니야.'

'젊어서 하는 고생은 약'이라는 어른들의 말이 틀린 말은 아닌 듯하다. 마치 전염병 백신주사를 맞아 항체가 생기듯 극단의 스트레스를 견뎌낸 경험은 훗날 백신 효과를 주는 것 같다. 물론 앞으로도 직장생활에서

더 큰 어려움과 견디기 힘든 스트레스를 겪게 되겠지만, 지금도 내 사무실 책상 앞에는 이 문구를 써 놓은 포스트잇이 붙어 있다.

죽도록 힘들어 봐야
강해진다

직장생활은 스트레스의 연속이다. 그것은 어쩔 수 없다. 남의 돈을 매달 꼬박꼬박 받는 것이 어디 쉬운 일이겠는가? 직장인은 직장에서 주는 스트레스를 견뎌야 한다. 그래야만 밥값을 제대로 할 수 있다. 그 스트레스를 피할 수 있다면 좋겠지만 방법은 없다.

그러니 나를 강하게 만들자. 특히 20대와 30대의 젊은 직장인들은 지금 백신을 맞고 있는 상황이라고 생각하자. 훗날 진검승부가 펼쳐질 40대 이후를 준비하기 위해서 말이다.

멋있게 악당을 해치우고 목숨을 걸고 싸우면서도 늘 농담을 잊지 않는 브루스 윌리스가 우리에게 던진 멋있는 이 말을 마음에 간직하자. 멋있게 밥값을 하는 사람이 되려면 말이다.

"친구야, 지금 힘들지? 그래도 그것 때문에 진짜 죽지만 않는다면 말이야, 단지 그건 너를 더 강하게 만들어 줄걸? 안 그래?"

마치 〈다이하드〉 마지막 장면에서 만신창이가 된 채 나타난 브루스 윌리스가 내 어깨를 툭 치며 말하는 것 같다.

갑과 을의 세계,
'을이 갑보다 강한 이유'

을의 생활은 힘들다. 하지만 장기적으로 보면 나를 살리는 길이다.
을의 근육을 키워야 한다. 을의 근육으로 무장한 직장인은 오래간다.
직장을 그만둬도 무엇을 하든 성공한다.

요즘 '갑질 논란'으로 대한민국이 들썩이고 있다. '갑'에 해당되는 권력을 가진 자들이 '을' 입장에 있는 사람들을 괴롭히고 착취하는 구조가 점점 심화되고 있는 모양이다. 신문에는 연일 갑질을 하는 큰 기업들과 권력기관을 성토하고 직원들이 당한 부당대우에 대한 기사들이 실린다.

갑甲은 한자로 서열을 나타내는 십간 중에 첫 번째로 나오는 단위다. 십간이라 함은 갑·을·병·정·무·기·경·신·임·계 등으로 모든 것의 서열을 매기는 단위다. 갑은 그 중 첫 번째, 즉 모든 관계에 있어 우위에 있다. 을은 서열상 두 번째지만 늘 갑보다는 뒤에 있어 갑에 따라야 하는 운명이다.

영원한
'갑'은 없다

재미있는 것은 누구나 갑이면서 동시에 을일 수도 있다는 것이다. 그야말로 모든 것을 능가하는 '슈퍼갑'은 과거 존재했던 황제 정도는 되어야 가능한 일이다.

몇 년 전의 코미디 프로그램 중에 '갑을'이라는 코너가 있었다. 상황에 따라 갑을 입장이 계속 바뀌는 설정인데 그 당시도 갑질 관련 사건 때문인지 상당한 인기를 얻었다.

예를 들면 식당 주인이 에어컨이 고장나 수리기사를 불렀는데, 수리기사가 약속시간보다 늦게 왔다. 식당 주인은 크게 화를 내며 수리기사를 하인 부리듯 윽박지르고 심지어 뺨까지 때린다. 고객에게 무조건 친절하게 응대해야 하는 수리기사는 자신이 한 잘못에 비해 지나치게 큰 굴욕을 당하면서도 어쩌지 못한다. 하지만 잠시 후 수리기사가 수리를 마친 후 식당에서 밥을 먹게 되면서 상황은 역전된다. 을이었던 수리기사가 갑 입장인 식당 손님이 되어 음식을 주문하면서 식당 주인은 태도가 180도 바뀌어 공손해진다. 주문한 음식을 맛 본 수리기사는 맛이 없다며 식당 주인을 타박하고 바로 상황을 역전시켜 똑같이 뺨을 때린다. 그렇게 한참 수리기사가 갑질을 하는데, 갑자기 에어컨 작동이 멈추면서 또다시 식당 주인이 갑이 되고 수리기사는 을이 되어 두들겨 맞게 된다. 과장되고 어이없는 설정이긴 하지만 현재 우리나라에서 일어나고 있는 세태를 잘 표현한 코너라 공감이 많이 간다.

사람들은 자신이 갑의 입장이 되고 조금이라도 권력이나 힘이 생기면 자신보다 약자 위치에 있는 을에게 함부로 대하고 횡포를 부리기도 한다. 하지만 그 사람도 또 누군가에게는 을이 되고 자신의 갑 앞에서는 머리를 조아린다.

이처럼 갑과 을 사이의 먹이사슬은 백 년 전에도 존재했고 백 년 후에도 이어질 것이다. 그래서 누구나 갑이 되고 싶어하지 을이 되고 싶어하진 않는다.

그렇다면 과연 갑으로만 사는 것이 좋은 것인가? 자신이 그 자리나 위치에 언제까지나 있을 수 있다면 갑으로 사는 것이 좋을 것이다. 그러나 약 30년간 계속되는 직장이나 사회생활에서 갑으로만 살 수 있는 사람이 몇이나 될까? 아무리 현재 갑의 위치에 있어도 언젠가는 권력이나 힘의 자리에서 내려와 자신의 역량과 힘으로만 먹고 살아야 할 상황이 반드시 오게 되고, 을로서 갑에게 맞춰 살아야 하는 상황이 오기 마련이다.

하지만 이러한 사실을 깨닫지 못하고 언제까지 자신이 갑으로만 살 것처럼 행동하는 사람들을 숱하게 보게 된다. 참으로 안타까운 일이다. 이런 사람들 대부분은 나중에 상황이 바뀌었을 때, 이미 목은 뻣뻣하게 굳어 있고, 말투는 퉁명스러우며 표정은 근엄하게 굳어 있다. 그때 가서 평생 해보지 않았던 콧소리를 내며 갑에게 굽신거리고 손을 비비는 일은 참으로 어렵다. 잘 나가던 과거만 생각하고 자신에게 굽신거리던 과거의 을들에게 연락하지만 이미 싸늘

하게 돌아선 을들에게 배신감만 느끼고 점점 자신의 처지를 비관하게 된다.

철저한 '을'로 살았던
직장생활 10년

나는 첫 직장생활을 철저하게 을 중에서도 을에 속하는 업종에서 시작한 것을 늘 감사하게 생각한다.

경영 컨설턴트라는 것은 그야말로 실체가 없는 일종의 지식 서비스를 파는 사람이다. 그러다 보니 늘 고객사 눈치를 보며 그 요구사항과 입맛에 맞춰야 하는 고단한 직업이다. 프로젝트 입찰마다 몇 개의 컨설팅 회사가 경쟁을 하게 되므로 클라이언트에게 잘 보이고, 좋은 관계를 맺기 위해 치열하게 영업해야 한다.

그렇게 해서 프로젝트를 수주하고 돈을 벌어오면 그 컨설턴트는 회사에서 영웅이 되고 융숭한 대접을 받지만 프로젝트를 못 딸 경우 그 컨설턴트는 회사 입장에서 볼 때 책상에 앉아 월급만 축내는 정리해야 할 대상에 불과하다. 처음 한 달쯤은 다음 프로젝트를 준비하고 영업하는 기간으로 인정받지만 2달이 넘고 프로젝트를 수주하지 못한 채 시간만 흘러가면 컨설턴트들이 받는 스트레스는 엄청나다. 그리고 그런 팀원을 거느리고 있는 리더나 파트너는 밤 잠을 못 이루게 된다.

그래서 무조건 프로젝트를 성사시키기 위해 고객사에 찾아가 사장이나 임원은 물론 실무를 담당하는 팀장이나 대리, 사원에게까지 무조건 굽신거린다. 그리고 회사 사정이나 프로젝트 관련 정보를 얻기 위해 어떻게든 식사 자리를 만들고 저녁 술자리까지 이어지도록 수단과 방법을 가리지 않는다. 밥 사주고 술 사주고 골프까지 접대하면서 '바쁘신데 시간 내주셔서 정말 감사하다'고 연신 굽신거리는데 모르는 사람들이 보면 참으로 이해가 안 되는 장면들일 것이다.

프로젝트 경쟁 프레젠테이션이 있는 날의 긴장감은 상상을 초월한다. 기업들은 프로젝트 규모에 상관없이 보통 3~4개 정도의 컨설팅 회사들을 경쟁에 붙이고 프레젠테이션 한 달 전쯤 요구사항들을 전달하고 제안 요청서를 보낸다. 그 때부터 컨설턴트들은 대략 한 달 정도의 시간 동안 제안서를 밤새워 준비한다.

좀더 현실성 있는 제안서를 만들기 위해 만나주지도 않는 실무자들을 복도에서라도 마주칠 수 있지 않을까 하고 시시때때로 회사를 찾아간다. 노심초사하며 기다리다 만나기라도 하면 무슨 수를 써서든 내부 사정이나 정보를 얻어낸다. 그렇게 해서 얻어낸 정보로 완성도를 높인 수백 페이지에 이르는 제안서를 들고 프레젠테이션 장소로 향한다.

제안 프레젠테이션이 있는 전날은 긴장감에 거의 뜬 눈으로 밤을 지샌다. 나에게 할당된 30분이 채 안 되는 프레젠테이션에서 무슨 말을 해야 고객사 주요 경영진들을 혹하게 만들어 나와 우리 회사를 선택하게 만들 수 있을지를 끊임없이 생각한다. 단 30분의 프레젠테이션을 망치면 그동안 시간과 돈을 투자하며 공들인 모든 것들이 물거품이 되기 때문이다.

제안 프레젠테이션 당일에는 나와 비슷한 처지의 경쟁사 리더들을 복도나 로비에서 오가며 만나게 되는데 겉으로는 늘 가벼운 눈인사를 나누지만 속으로는 '저 사람을 눌러야 내가 산다'는 절박함에 마른침을 삼키기도 한다.

우여곡절 끝에 프로젝트를 수주해도 그 기쁨은 잠시, '어떻게 하면 그 고객사의 절대 '갑님'들에게 조금이라도 예쁘고 똑똑하게 보일까?' '어떻게 하면 그들의 마음에 들어 지속적으로 프로젝트를 받아낼까?'를 매일 골똘히 갑들의 말 한마디와 행동 하나하나에 촉각을 세운다.

갑은 갑인지라 조금이라도 마음에 안 들면 소리를 치기도 하고 나보다 한참 어린 직원이 오라 가라, 이거 고쳐와라 저거 다시 해와라 하며 갑 행세를 한다. 어쩌겠는가? 을인 이상 갑이 원하는 대로 모든 걸 다 맞추고 그럼에도 감사하다고 굽신거려야지. 이런 생활을 안 해본 사람은 과장되었다고 생각할지 모르지만 이는 조금의 과장도 없는 100% 사실이다.

내 경쟁력은
'을'의 생활방식

나는 8년 정도를 잘나가는 경영 컨설턴트로, 그리고 훌륭한 을로서 역할을 잘 수행한다는 자부심을 느끼며 살았다. 힘든 날이 더 많았지만 프로젝트를 따냈을 때의 희열이나 결과물을 인정받았을 때의 성취감은 갑들은 모르는 을들만의 큰 기쁨이었다.

하지만 8년간 간직해오던 을로서의 자부심은 을 중에서도 을, 그야말로 대한민국 최고의 을이었던 당시 컨설팅 회사의 사장 말 한마디에 와르르 무너졌다. 결국에는 경영 컨설팅을 포기하기에 이르렀다.

당시 나는 CRM 컨설팅 리더로, 우리나라에서 제일 큰 통신사의 CRM 프로젝트를 따내기 위해 동분서주하고 있었다. 워낙 큰 프로젝트라 시간만 흐를 뿐 좀처럼 프로젝트가 진행되지 않고 지지부진했다. 사장은 매주하는 파트너 회의 때마다 프로젝트는 대체 언제 시작하냐고 닦달했지만, 내 마음대로 움직이지 않는 회사를 어찌할 수도 없는 노릇이어서 나도 속만 타들어가고 있었다. 포기하기에는 프로젝트 규모가 너무 크고, 그렇다고 매달리자니 시간만 가는 상황이라 미칠 지경에 이르렀는데, 어느 날 사장이 나에게 말했다.

"장 박사는 프로젝트 영업을 너무 아카데믹하게만 하는 것 같아." "무슨 말씀입니까? 저 나름대로 이리저리 뛰어다니면서 그 회사 핵심 인력들을 만나 열심히 영업하고 있습니다."

당시 사장은 내가 공학박사고 가방 끈이 길어서 자존심이 세고, 그래서 을로서 자질이 부족하다는 선입관을 갖고 있었다.

"장 박사, 비 오는 날 고객사 임원 집 앞에서 무릎 꿇고 앉아 있어 봤어?"

사장의 이 말 한 마디에 모든 것이 정리되었다. '아, 을은 그렇게까지 해야 하는 건가? 그래서 이렇게 치열한 컨설팅 업계에서 성공할 수 있었구나.' 당시 최고의 을이었던 사장을 난 결코 넘을 수 없을 것 같았다.

결국 나는 경영 컨설팅을 포기하고 업계를 떠났지만, 그 날 사장이 한 말은 잊혀지지 않는다. *직장생활에서 나에게 갑이라고 생각되는 윗분들이나 대관 차원의 사람들이 때때로 힘들게 하면 그때 사장의 말을 떠올린다. '무릎까지 꿇으신 분이 있는데'라는 생각을 하면 모든 상황이 전혀 힘들지 않다.*

지금은 홈플러스에서 전략과 마케팅 업무를 하며 명확하게 갑도 아니고 그렇다고 을도 아닌 생활을 하고 있지만, 8년간의 을 생활은 내 뼛속까지 남아 있어 지금도 내가 을이라고 생각한다. 모두들 나에게 부장급 경력사원으로 대기업에 입사해 쟁쟁한 직원들 틈에서 인정받아 임원 자리에 오르고, 임원이 되고 나서도 몇 개의 회사를 거치며 10년 가량을 조직에서 버틴다는 것은 참으로 어려운 일이라고들 한다.

나도 감사하고 그런 기회를 준 회사들에게 고맙다. 하지만 어쩌면 오랜 기간 철저한 을 생활을 통해 다져진 나의 모든 행동과 버룻, 말투, 사고 방식, 대인관계 등이 갑 생활을 오래한 기존 임직원들에게 좋게 보인 것이 아닌가 하는 생각도 든다. 앞으로도 나는 회사 안이든 밖이든 철저한 을이고 주변의 모든 사람이 나의 갑이라고 생각하며 살 것이다.

회사 내부에도 존재하는 '갑을' 관계

직장인은 오래 가려면 그리고 성공하려면 을이 되어야 한다. 갑은 오래가지 못한다. 모든 사람은 자신보다 갑이라고 생각되는 사람을 진심으로 좋아하지 않는다. 그리고 마음을 열지 않는다. 단지 이해관계를 생각해 앞에서만 잘해줄 뿐이다. 그리고 상황이 바뀌게 되면 그 인간관계는 의미가 없어지게 된다. 그래서 갑 생활에만 익숙한 공무원들이나 공기업 직원들, 은행원이나 교사 등이 퇴직 후 일부 힘들게 사는 모습을 가끔 보게 된다.

그 자리에 있을 때는 자신이 잘나고 유능한 것처럼 느껴지지만 자리를 벗어나면 스스로 할 줄 아는 것이 거의 없기 때문이다. 대부분 일은 을에게 시키고 자기는 단지 을이 해온 결과물을 자신의 성과처럼 포장하는 데에만 익숙하다. 그러니 막상 자신이 처음부터 무언가를 하려고 하면 막연하다. 그리고 앞에서도 언급했듯이 이미 성격은 뻣뻣해질 대로 뻣뻣해져 다른 사람들에게 고개 숙이는 것이 익숙하지 않다.

회사 안에서도 부서에 따라 갑을 입장이 엇갈린다. 주로 지원부서, 즉 인사나 재무, 관리, 감사부서 직원들은 갑 성격이 강하다. 영업이나 마케팅부서 직원들은 회사 내에서 을이다. 영업부서는 어떻게든 영업을 하고 매출을 달성하려고 발을 동동 구르며 필요한 예산이나 인력을 요청한다. 반면에 인사나 재무 담당 직원들은 평온하다. 그리고 요청 후 재가를 기다려야 한다. 마음은 타들어가는데 가서 속시원하게 따질 수도 없다. 그랬다가 잘못 보이거나 관계가 틀어지면 괴로운 건 영업부서다. 지원부서는 아쉬울 것이 없다. 매출이나 영업 실적이 안 좋으면 그건 오로지 영업부서 책임이기 때문이다.

재무나 관리부서는 영업이 부진하다고 들볶으면 된다. 현재의 답답한 시장상황이나 경쟁상황을 굳이 직접 고민할 필요가 없는 것이다. 갑이기 때문이다. 을 입장에 있는 영업이나 마케팅부서는 외부 영업을 하면서 부지런히 내부 영업도 해야 한다. 자신에게 필요한 자원을 지원받기 위해서 말이다.

하지만 퇴직 후 모습을 보면 오랫동안 을 입장이었던 사람들은 무슨 일을 해서든 먹고 산다. 머리를 숙이고 굽신거리며 영업하면서 쌓았던 외부 네트워크를 통해 어떤 일이든 한다. 하지만 갑 역할에만 익숙하고 치열한 외부 경쟁상황과 동떨어져 살아온 사람들은 막막하다. 어떻게 해서든 끝까지 조직에서 살아남아 정년까지 버티지 않는 한 힘들어진다.

대부분 경력사원을 뽑을 때는 을 출신을 뽑는다. 이미 갑 출신들은 회사 내에 바위처럼 굳건히 자리를 지키고 있기 때문에 외부에서 새로 수혈할 필요가 없다.

을의 근육을
키워라

직장생활을 하는 우리는 가끔 '나는 갑인가, 을인가?'를 돌아봐야 한다. 그리고 혹시 내가 누군가에게 갑질을 하고 있는 것은 아닌지 살펴봐야 한다. *내가 갑이라고 느껴진다면, 그리고 주변 사람들이 이유 없이 잘해주고, 굽신거리고, 친절을 베푼다면 나에게 엘로우 카드를 빼 들어 빨리 벗어나야 한다. 한 번 갑질의 달콤한 유혹에 익숙해지면 헤어나기 어렵고, 그런 상태로 오랜 기간을 보내고 나면 내 모든 경쟁력을 상실하게 될 것이다.*

을의 생활은 힘들다. 하지만 장기적으로 보면 나를 살리는 길이다. 헬스장에서 오랜 기간 운동을 하고 근육을 키우는 것은 매우 힘들지만, 꾸준히 운동하면 결국 몸이 건강해지듯이 을의 근육을 키워야 한다. 을의 근육으로 무장한 직장인은 오래간다. 직장을 그만둬도 무엇을 하든 성공한다. 이것은 백 년 전에도, 백 년 후에도 갑을 역사에 있어 불변의 진리다.

4장

경계에 선 사람들이
살아남는다

어느 한쪽에 속한 상태로 변하자고 주장하는 것은 아무 의미가 없다.
진정한 변화는 경계에 서서 변화의 흐름을 몸으로 느끼며 체득해 행
하는 것이다. 흐름을 제대로 마주할 수 있는 사람이 승리자다.

1만 년에 이르는 인류 역사를 관통해온 문화는 농경문화와 유목문화, 크게 2가지로 구분된다.

농경문화에 속하는 민족은 조상으로부터 이어받은 땅에 정착해 대대손손 농사를 지으며 살아간다. 하늘이 알맞은 때에 비를 내려주고 햇빛이 내리쬐고 땅의 기운이 왕성하면 풍년이 들어 한 해를 풍족하게 살지만, 가뭄이 들거나 홍수가 나서 농사를 망치면 비참한 해를 보내게 된다. 그러나 풍족할 때 수확한 농작물을 곳간에 잘 쌓아놓고 곤궁할 때를 대비한다면, 안정적으로 잘 살아갈 수 있다.

조상이 물려준 땅에서 농사를 짓기 때문에 땅이나 물을 차지하기 위해 주변의 적과 대립하며 싸울 필요도 없다. 그래서 성격도

온순한 편이고 평화를 사랑하며 주변과 늘 원만한 관계를 유지하고자 애쓴다. 때로는 손해를 보고 침략을 당하기도 하지만 먼저 주변국이나 민족을 침략하지는 않는다. 농경문화 민족으로 분류되는 우리나라 역시 반만년 역사 속에 훌륭한 문화를 이뤄 왔다.

농경문화 vs. 유목문화

이에 반해 유목문화는 농사를 짓기 어려운 척박한 땅을 기반으로 살아가는 민족의 문화다. 안정적으로 농사를 짓기 어렵기 때문에 주로 소나 양 등을 기르는 목축업을 하며 이리저리 옮겨가면서 산다. 어느 한 지역에 살면서 가축을 기르다가 그곳의 목초지가 가물어 가축에게 더이상 먹일 것이 없으면 미련 없이 짐을 싸서 가축을 이끌고 새로운 땅으로 떠난다.

이렇게 유목민은 끊임없이 새로운 곳으로 옮겨 다니기 때문에 늘 불안하다. 또 새로운 곳에 정착하다 보면 늘 기존 세력들과 분쟁이 생기기 때문에 항상 칼이나 무기를 들고 다니며 때에 따라 바로 싸움에 돌입해 새로운 땅을 쟁취한다.

이런 이유로 유목문화 민족은 항상 주변 정세나 움직임을 살피고, 세상이 어떻게 돌아가는지에 민감하다. 상황에 맞게 대처하지 않으면 당장 정착할 땅도 가축을 먹일 목초나 물도 구할 수 없고, 오갈 데 없는 처지가 되기 때문이다. 그래서 유목문화의 장점을 '스피드'라고 말한다. 어떤 상황과 마주쳐도 그에 맞춰 빠르게 판단하고 행동하며 변화한다.

반면 농경문화의 장점은 인내와 끈기다. 비가 오나 눈이 오나 한 곳에서 씨를 뿌리고, 흉년이 들어도 이를 견뎌낸다. 설사 적이 쳐들어와 모든 것을 불태우고 빼앗아 가도 그 다음날이면 훌훌 털고 쟁기를 들고 밭에 나가 내일을 위해 다시 씨를 뿌린다. 무서운 집념과 인내로 곡식이 자라는 동안의 곤궁기를 이겨내면 가을이 되고 수확철이 되었을 때 다시 풍족하고 정상적인 삶을 되찾을 수 있다.

이렇게 농경문화와 유목문화는 그 성향이 매우 다르고 장단점도 분명하다. 과연 당신은 어떤 문화 방식으로 살고 있는가? 또 직장에서 인정받고 발전하려면 어떤 문화의 후예로 처신해야 할까? 당신의 회사가 원하는 미덕은 스피드와 끈기 가운데 어떤 것인가? 당신이 밥값을 더 잘하기 위해 필요한 장점은 무엇인가?

글로벌 경제시대, '디지털 노마드' 개념의 등장

모바일 기기의 대중화와 맞물려 모든 것이 빛의 속도로 변하는 글로벌 시대를 맞아 '노마드'라는 단어가 주목받고 있다. 책이나 신문 등 대중매체 여기저기에서 지금은 '디지털 노마드' 시대라고 말하며, 기업이든 개인이든 '노마드' 사고 방식으로 살고 움직여야 한다고 강조한다.

노마드nomad 란 앞에서 언급한 유목문화의 유목민을 말한다. 프랑스의 철학자 질 들뢰즈Gilles deleuze 가 1968년에 발간한 『차이와 반복Difference et Repetition』에서 노마드의 세계를 '새로운 시각으로 돌아다니는 세계'로 묘사하면서 주목받게 되었다. 들뢰즈는 노마드를 특정한 가치나 이념, 삶의 방식에 얽매이지 않고 끊임없이 자기를 부정하면서 새로운 자아를 찾아가는 것을 의미하는 철학적 개념으로 정의했다. 이전까지 세계를 지배한 이분법적 이념, 특히 공산주의와 자본주의, 민족주의와 사회주의, 좌파와 우파, 진보와 보수 등 수많은 철학자가 제시하고 만들어낸 사고와 철학의 틀에 얽매이지 말고 끊임없이 새로운 것을 찾아가는 것이 옳다는 새로운 패러다임을 제시한 것이다.

단지 철학적 개념이었던 이 노마드란 단어가 21세기에 들어서면서 디지털 노마드란 단어로 업그레이드되면서 기업과 비즈니스의 세계에서 끊임없이 변하고 혁신해야 글로벌 경쟁에서 살아남는다는 개념으로 자리잡았다.

경계의 불안을
견뎌야 강해진다

인문학에 대한 관심과 중요성이 높아지면서 경영 분야에서도 임직원들을 대상으로 관련 강의를 개최하는 기업이 늘고 있다. 기업들이 인문학 강의에 1순위로 모시는 철학 교수는 단연 서강대 철학과 최진석 교수다.

나 역시 그의 강의를 듣고 큰 감명을 받았다. 최진석 교수는 강의에서 '경계에 서야 한다'고 주장한다. 경계에 선다는 것은 이념이나 사상, 기준 등이 어느 한 쪽에 속하지 않은 채, 양쪽에 양 발을 담그고 있는 상태를 의미한다. 경계에 서 있으면 항상 불안하다. 이 불안이 사람을 극도로 예민하게 만들고, 그 예민함이 경계를 둘러싼 흐름을 감지할 수 있게 해준다.

그리고 유연하다. 통찰력으로 변화의 흐름을 판단하며, 대응하는 속도도 빠르다. 양쪽의 장점과 단점을 모두 조망할 수 있으므로 유연하게 흐를 수 있다. 어느 한쪽으로 완전히 몰입되면 그 이념과 이데올로기 등에 함몰되어 자기 자신을 잃어버리기 쉬운 법이다. 그러나 경계에 서면 세상의 흐름을 단순한 몇 가지의 이성적인 요소로만 판단하게 된다. 어느 쪽에 들어서는 것이 아니라 마치 물 흐르듯 인간의 감성·경험·욕망·희망 등 모든 것의 인격적 동인들을 한꺼번에 판단할 수 있는 능력을 갖게 된다.

경계에 서 있으면 어느 한쪽에 편입되지 않으므로 양쪽에서 미움과 공격을 받을 수 있고 기회주의자라고 손가락질을 받을 수도 있다. 그것이 두려워 한쪽을 선택하면 그 순간부터 그 사람의 세계는 딱 거기까지로 제한된다. 같은 세계에 속한 사람들끼리 왕국을 건설하고 그것을 세상의 전부로 착각하기 때문이다. 거기에 빠져 그 프레임에 갇힌 채 굳어 버리는 것이다. 그리고 자신의 프레임에 맞는 것은 참이고 선이며, 나머지는 거짓이고 악으로 규정해버린다. 인류 역사에서 얼마나 많은 비극이 이러한 프레임에 갇힌 자들의 편협으로 만들어졌는가?

하지만 세상은 변하고, 어느 한순간도 멈추거나 고정되지 않는다. 특히 최근 10년 동안 일어난 변화는 100년에 걸쳐 일어난 과거의 변화보다 더 빠르게 세상 사람들의 생각과 삶의 방식을 바꾸고 있다. 그 변화는 기존에 나뉘어져 있던 경계가 지속적으로 허물어지고 중첩되고 바뀌는 것이다.

흐르는 것은 부드럽고 변하는 것은 유연하다. 살아있는 것은 부드럽고 죽어있는 것은 뻣뻣하다. 살아있다는 것은 변화를 실현하는 것이고, 변화가 멈추고 화석화되면 죽은 것이다. 살아있는 것의 부드러움을 정지시켜 딱딱하게 굳도록 하는 것이 이념과 신념인데, 이것은 경계의 불안을 견디지 못하고 한쪽을 선택함으로 인해 생기는 것이다.

어느 한쪽에 속한 상태로 변하자고 주장하는 것은 아무 의미가 없다. 진정한 변화는 경계에 서서 변화의 흐름을 몸으로 느끼며 체득해 행하는 것이다. 변화라는 관념과 주장만으로 한쪽에 서서 이야기하는 것은 딱딱하게 굳은 죽은 자의 것이다. 세상의 흐름을 제대로 마주할 수 있는 사람이 승자다. 흐름을 제대로 마주할 수 있는 자만이 제대로 반응할 수 있기 때문이다.

세상의 흐름에 반응하는 자는 승자가 되고, 반응하지 못하는 자는 패배자가 된다. 이것이 인류의 역사를 말하는 인문학 만고의 진리다.

결국 최진석 교수가 말하고자 하는 것은 "경계에 서라. 그래야 흐를 수 있고, 그래야 산 자이고, 그래야 강한 자다"라는 것이다. 이전에는 생각해 보지 못했던 엄청난 메시지로 우리의 머리를 망치로 치는 듯하다.

최 교수의 강의를 듣고 깊은 고민에 빠졌다. *과연 나는 경계에 서 있는가? 나도 이미 직장에서든 사회에서든 한쪽의 고정관념과 기득권을 가지고 안주하며 변화의 흐름을 말로만 주장하고 있는 것이 아닌가? 과연 살아있는 자이고 강한 자인가?*

변화없는 안정은
더 큰 위기를 부른다

철학자 들뢰즈가 말하는 유목민 '노마드'와 최진석 교수의 '경계에 선 사람' 이 2가지는 결국 같은 이야기를 하는 것이다.

밥값을 하는 직장인은 살아있어야 하고 강한 자여야 한다. 한곳에 안주하고 집착하는 생활을 거부하고, 불안하고 안정되지는 않지만 경계에 선 유목민처럼 늘 흐르고 변하는 자만이 급변하는 세상에서 살아남는 강한 자가 된다.

농경문화에 속한 사람들은 자기 땅을 갖고 있다. 대대손손 경작해 온, 그리고 가을에 수확을 보장해주는 땅을 소유하고 있기에 그곳을 떠나지 못한다. 떠나려면 그 땅을, 즉 자기가 가진 가장 중요한 것을 버리고 포기해야 하기 때문이다.

유목민은 가진 것이 없기에 늘 불안하고 목초를 따라 떠돌지만 자신이 어떻게 판단하고 어떻게 세상에 대처하느냐에 따라 오히려 더 잘 살아남을 수 있다.

달리 생각하면 땅을 가지고 농사를 짓는 사람은 더욱 근본적인 불안을 안고 산다. 가뭄이 오거나 홍수가 닥친다면 아무런 대책도 없이 모든 것을 잃을 수 있기 때문이다. 물론 댐을 쌓거나 저수지를 만들어 대비하지만, 대자연의 흐름 앞에서 인간의 노력은 무용지물이 되는 경우가 많다.

겉으로 보기엔 안정되고 평온한 삶인 듯하지만 변화할 수 있는 상황도 아니고 마음가짐도 갖추지 못한 사람들은 결국 큰 세상의 흐름에 따라 더욱 큰 불안과 피할 수 없는 비극을 맞게 될 것이다.

대부분의 사람은 늘 안정된 자리와 삶을 원한다. 그래서 직장도 공무원이나 공기업 같은 철밥통을 가장 선호하고 그도 아니면 대기업과 은행 등을 원한다. 직장 안에서도 마찬가지다. 가능하면 안정되고 편한 자리를 선호하고 새로 추진되는 사업이나 리스크를 떠안아야 하는 자리는 어떻게든 피하려고 한다.

같은 자리와 같은 부서에 있어도 사람에 따라 일하는 방식이 나뉜다. 상사나 선배들이 하던 방식과 프로세스를 그대로 따르면서 회사가 정한 틀 안에서만 일하고자 한다. 오랫동안 함께한 협력사나 거래처도 바꾸기를 꺼려하고, 회사의 문화나 규정에서 벗어나는 것을 스스로 못 견딘다. 또 비슷한 방식으로 일하는 다른 동료들을 보면서 '같은 편'이라며 안도하고 경력사원으로 입사한 새로운 동료들에게는 묘한 우월감을 느끼면서 그들은 우리와 다르다고 은근히 배척하고 경계한다.

경계에 서 있는, 즉 다른 생각을 말하고 행동하는 사람을 어떻게든 우리와 비슷한 사람으로 만드는 것이 기업 문화를 위해 중요한 일이고, 그것이 회사를 위하는 길이라고 생각한다. 하지만 이제는 옳다고 생각했던 것들과 신념들이 과거의 것이 되기도 하고, 지켜야 했던 룰과 원칙들이 철폐해야 할 빛바랜 관습이 되는 시대가 되었다.

신입시절에는 농경민, 간부가 되면 유목민 정신으로 일해라

생각의 관점을 현재 내가 속한 범주의 가운데에서 조금만 경계로 옮겨보는 것은 어떨까. 그렇다고 완전히 관점을 바꾸어 반대쪽의 땅으로 가라는 것은 아니다. 물론 용기가 있다면 반대쪽으로 가보는 것도 나쁘지 않을 것이다. 하지만 그것은 내가 가지고 있는 모든 것을 버려야 한다는 것을 의미한다. 꼭 그렇게까지 과격할 필요는 없다. 왜냐하면 반대쪽 땅에 가면 언젠가는 다시 이쪽의 땅이 그립고 아쉬워질 것이기 때문이다.

노마드는 이렇게 극단적으로 어느 한 곳으로 옮겨 말뚝을 박고 자리를 잡지 않는다. 단지 좀더 생각의 관점을 옮겨 경계에 서보는 것이다. 모든 것을 버릴 필요도 없다. 경계에 서서 노마드처럼 스피드있고 유연하게 흐르는 삶을 사는 직장인은 강하다. 어떤 새로운 일을 맡겨도 새로운 관점에서 성과를 낼 수 있다.

그렇다고 농경문화가 나쁘다는 것은 아니다. 농경민의 인내과 끈기, 씨를 뿌리고 일년 내내 땀 흘려 일하는 정신은 대단한 것이다. 어려움이 있더라도 좌절하지 않고 일어서서 다시 시작하는 정신말이다.

밥값을 하는 직장인의 이상적인 모습은 농경문화 정신과 노마드 정신을 시기에 맞게 잘 적용하는 사람이 아닐까. 아직 자기만의 틀과 프레임이 정해지지 않은 혈기왕성한 신입사원 시절에는 농경문화처럼 인내와 끈기로 일을 배우고, 서서히 직장에서 자기 영역과 범주가 정해져 머리가 굳어지기 시작하는 간부급이 되면 자신의 경계를 부정하고 유연하게 변화하는 노마드 문화를 따라 궁극적으로 강하고 살아있는 직장인이 되어야 한다.

진짜 직장에서의 승부는 자신의 성과가 보이기 시작하는 간부가 되면서부터 본격화되기 때문이다.

강한 사람만이 직장에서 밥값을 한다. '경계에 선 노마드!' 참 멋있는 말이다. 단순하면서도 강인한 메시지를 주는 이 말을 꼭 기억하기 바란다.

직장생활을
행복하게 하기 위한
자존감 수업

나 자신에게 집중하고 나 자신을 평가하자. 나에게 맞는 기준을 세우고 나를 좋게 평가하자. 그러면 모든 문제가 해결된다. 직장생활의 과정을 즐겨라. 과정이 즐거워지면 반드시 좋은 성과와 평가가 돌아온다.

아무리 긍정적인 마인드를 가진 사람이라도 주변의 환경이나 사람들에게 끊임없이 마음의 상처를 받게 된다. 외모나 성격, 혹은 학교 성적이나 집안 형편 때문일 수도 있고, 때로는 특별한 이유도 없이 괜히 놀림감이 되거나 따돌림을 당하기도 한다.

이렇게 어릴 때부터 주변 사람들에게 지속적으로 상처를 받다 보면 마음에는 점차 '열등감'이라는 씨앗이 뿌리내리기 시작한다. 열등감이라는 것은 결코 남보다 못해서 생기는 것이 아니다. 객관적으로 잘생기고, 집안 좋고, 학벌 좋고, 지위가 높아도 열등감에 시달리는 사람들이 많다.

사실인지 확인된 바가 없지만 어떤 글에서 보니, 열등감 지수가 가장 높은 집단이 대학 교수들이라고 한다. 남들이 보기엔 가장 잘난 사람들이 모인 집단이 대학교수일텐데, 열등감을 가장 많이 느낀다니 아이러니하다. 워낙 잘난 사람들이 모이다 보니, 그 안에서 나보다 더 잘난 사람들을 보면 오히려 더 민감해지고 작은 차이도 크게 느껴지나 보다.

상처는
자신의 '선택'

열등감의 반대말은 여러 가지가 있다. 자신이 우월하다고 느끼는 '우월감'이나 자신을 존중하는 '자존감' '자신감' 등이다. 우월감은 항상 상대적인 것이므로 늘 유지할 수는 없다. 어떠한 상황에서든 나보다 잘난, 우월한 사람을 만나기 마련이므로 오래 지속되지 않는다.

하지만 자존감은 매우 중요하다. 열등감이 자신이 늘 열등하다고 생각해 자신을 존중하지 않고 인정하지 않는 것이라면, 자존감은 어떤 상황에서든 자신을 인정하고 존귀하게 여기는 마음이다. 앞에 앉아 있는 사람이 아무리 나보다 잘난 사람이고, 또 그것을 인정한다 하더라도 열등감을 느끼지 않는다. 그는 그이고 나는 나이므로 자신도 존중받을 가치가 있고, 사랑받아 마땅하다고 생각하기 때문이다. 자존감이 높은 사람은 오히려 주변 사람을 배려하고 마음이 열려 있다. 결코 상대방보다 더 잘나서 느끼는 승자의 배려가 아니다. 어떠한 상황에서도 자신은 존중받으므로 상대방도 존중받아야 한다고 생각하는 것이다.

하지만 열등감이 높은 사람일수록 주변 사람들을 무시하고 업신여긴다. 결코 자신이 상대방보다 우월하다고 느껴서가 아니다. 오히려 그 반대이기 때문에 자기 자신을 방어하고 상처를 받지 않기 위해 벽을 치고 선제공격을 하는 것이다. 벽 뒤에 숨어 상대방이 자신을 얼마나 무시하는지를 관찰하면서 자신이 무시받기 전에 먼저 무시해버리는 것이다. 그러면서 좀더 자신의 마음이 편하다고 생각한다. 하지만 정작 상대방은 그를 무시하지도, 무시할 생각도 없다. 단지 성격이 이상한, 같이 일하고 싶지 않은 사람으로 여길 뿐이다. 참으로 슬픈 일이다.

우연히 서점에 갔다가 공감이 가는 제목의 책을 보았다. 독일의 심리학자 배르벨 바르데츠키의 책 『너는 나에게 상처를 줄 수 없다 Nimm's bitte nicht personlich』이었다. 제목도 공감이 갔지만, 강한 어투로 선언한 것이 인상 깊었다. 그는 34년간 28만 명에 가까운 사람들의 심리를 상담했는데, 특히 상처받아 괴로워하는 사람들의 심리를 치유하고 자존감을 불러 넣어 주는데 힘썼다고 한다.

상처받는 사람은 매우 아프지만 사실 상처를 주는 사람은 대부분 자기가 상처를 주고 있다는 사실조차 모른다. 그냥 상처받는 사람이 혼자 괴로워하는 것이다. 그러므로 상처를 받고 안 받고는 상처받는 사람의 선택이다.

그런데 슬프게도 많은 사람이 상처받기를 선택한다. 그리고 괴로워한다. 그러면서 상처를 준 사람이 아무렇지도 않은 것에 분노

하며 스스로 상처를 더 크게 키운다. 하지만 스스로 결코 상처를 받지 않을 것이며, 어느 누구도 나의 자존감을 건드릴 수 없다고 선언하고, 그것을 삶의 자세로 선택한다면 상처받지 않을 수 있다.

책의 내용 중에 좋은 조언이 하나 있다. 그것은 바로 상처를 준 사람에게 자신이 상처받았다는 것을 알리는 것이다. 어쩌면 상처받은 사람은 자존심이 매우 상하는 일일 수도 있다. 하지만 상처를 받았다고 말함으로써 오히려 상처를 준 사람에게 몰랐던 사실을 인지시키고, 그 후에 다시는 그런 일이 없도록 막을 수 있다. 상처를 준 사람이 악의를 갖고 지속적으로 괴롭히는 것이라면 다른 대책을 세워야 하겠지만, 어쩌면 한 번의 진솔한 대화로 많은 상황이 해결될 수 있다.

남들은 나에 대해
생각할 여유가 없다

직장에서도 많은 사람이 상처를 받는다. 주로 상사가 부하 직원에게 상처를 주지만 때로는 동료끼리 상처를 줄 수도 있고, 오히려 부하에게 상처를 받는 상사도 있다.

몇 년 전의 일이다. 나의 부서에는 100명에 가까운 직원들이 같이 일하고 있었다. 그 중에는 오랫동안 함께한 직원도 있었고, 최근에 발령받은 직원도 있었다. 좀더 친근하게 농담까지 주고 받는 사이가 있는가 하면, 같이 오래 근무했는데도 낯설고 어색한 친구도 있었다. 그 중에 내가 아끼고 좋아하는 한 직원이 있었다. 거의 5년을 넘게 같이 일하며 알아온 직원이었기 때문에 나는 그와 농담을 주고받을 수 있는 사이라고 생각했다.

그런데 그가 나로 인해 상처받고 괴로워한다는 이야기를 듣고는 깜짝 놀랐다. 나는 그와 격의없이 지냈다고 생각해서 가끔 농담으로 "이제는 짬밥도 됐는데 일 좀 해야지?"라고 놀렸는데, 그것을 진심으로 받아들여 나에게 인정받지 못했다고 생각하며 괴로워한다는 것이다. 참으로 당황스러웠다. 정말로 일을 못하고 별로 달가운 직원도 아니었다면 그런 농담조차 하지 않는 사이로 지낼 것이다. 그런데 내 나름대로는 일을 잘한다는 칭찬을 반어법으로 표현한 것이 그에게 상처가 되었다고 생각하니 말을 조심해야겠다는 다짐을 하게 되었다.

경험상 직장 내 대부분의 사람이 다른 사람들에 대해 깊게 생각하지 않는다. 자신의 상황과 자신에게 주어진 일에 대한 고민과 불안만으로 벅차서 남들에게 할애할 정신적 여유가 없다. 단지 일상적인 생활에서의 소소한 짜증, 혹은 별생각 없이 던지는 농담뿐이다. 물론 가끔은 정색하며 항의하는 일도 있지만, 이 모든 것들은 사실 심각한 생각과 고민을 거쳐 내뱉는 말들이 아니다. 그 상황에서 떠오른 말을 그저 별생각없이 말하는 것뿐이다.

그러므로 이러한 말이나 행동으로 인해 스트레스를 받거나 고민할 필요가 전혀 없다. 앞에서 말한 내 사례 역시 그 직원에 대해 크게 생각하고 말한 것이 아니라 가벼운 농담을 한 것일 뿐이다. 상사나 동료들의 말에 큰 의미를 부여할 필요가 없다. 물론 업무에 대한 지시나 진지한 충고는 신중하게 받아들여야겠지만 말이다.

어떠한 경우든 상처를 받고 고민하는 사람만 손해다. 자신이 상처를 받는다고 생각한다면 오늘 당장 "결코 어느 누구도, 사장이건, 상무건, 팀장이건 그 누구도 나에게 상처를 줄 수 없다. 나는 상처를 받지 않기로 결정했기 때문이다"라고 선언하자.

'나에게 상처를 주고 스트레스를 주는 저 상사만 없어진다면, 저 동료만 사라진다면 내 직장생활이 훨씬 나아질 텐데'라고 생각하고, 부서를 옮기거나, 이직을 하기도 하지만, 그런 사람에게는 상처를 주는 상사나 동료가 또 다시 등장하기 마련이다. 어느 직장, 어느 부서라고 성숙하고 배려심 많은 사람만 모인 집단이 있겠는가? 오히려 '구관이 명관'이라는 옛 속담처럼 상황이 더 악화되는 결과를 초래하기도 한다. 결국 자신이 강해질 수밖에 없다.

자신만의
인생 기준을 만들어라

밥값을 하는 직장인은 상처받지 않는 직장인이다. 그리고 열등감을 극복하고 자존감을 지키는 직장인이다. 직장이라는 곳은 열등감을 갖기 시작하면 끝도 없는 곳이다. 자기보다 학벌이 좋은 사람이 많고, 동기들 중 나

보다 먼저 승진하고 앞서가는 사람들도 많다. 해마다 다가오는 인사고과에서 나보다 좋은 고과를 받는 사람들이 태반이고, 집안 좋고 배경 좋은 사람들이 내 옆자리에 같이 근무하고 있다. 이에 대해 신경을 쓰고 열등감을 갖기 시작하면 이 세상에서 살아남을 수 없다.

열등감을 극복하는 가장 확실한 방법은 자기만의 인생 기준을 만들어 놓는 것이다. 학벌 좋고, 집안 좋고, 잘나가는 것은 바로 세상이 만들어 놓은 기준이다. 세상이 만들어 놓은 기준으로 스스로 자신을 다른 사람들과 비교하고 우월감, 혹은 열등감을 느끼는 것이다.

중요한 것은 남들이 나를 어떻게 생각하느냐가 아니라 내가 나를 어떻게 생각하느냐다. 남들이 어떻게 생각하는지에 몰입하다 보면 나를 잃어버릴 수 있다. 남들을 의식하면 누구든 열등감에 빠질 수밖에 없다. 대한민국 대통령이 되어도 열등감의 노예로 살게 된다. 늘 다른 나라 대통령이나 전임 대통령들과 비교하면서 구설수에 오르기 때문이다. 이런 이유로 남들에게는 부러움을 받는 대학교수들이 오히려 더 열등감을 느끼는 것이다. 남들이 바라보는 기대치에 자신의 기준을 설정하고 그것에 미치지 못하면 자신을 괴롭힌다.

하지만 자신만의 기준을 가지고 나를 바라보기 시작하면 달라진다. 돈이나 지위, 학벌과 같은 결과물이 아닌 그동안 살아온, 그리고 살아갈 인생의 과정에 기준을 설정하고 노력하는 자신을 기특하게 생각한다면 자신에 대해 좋게 평가할 수 있다.

자존감은
내가 나에게 주는 혜택

인생은 결과보다 과정이 중요하다. 하지만 많은 사람이 이것을 모른다. 자존감 문제도 마찬가지다. 『너는 나에게 상처를 줄 수 없다.』에서 배르벨 바르데츠키는 "안정된 자존감은 자기 자신에게서 얻은 좋은 평판이다"라고 말했다. *자존감은 다른 사람들에게 인정받아야만 가질 수 있는 일종의 평가 결과가 아니라 바로 나 자신에게 주는 일종의 혜택이다. 내가 객관적으로 잘났던 못났던 상관 없다. 설사 나의 처지가 좀 부족하다고 생각되더라도 그것은 나의 직업이나 위치일 뿐 자신은 괜찮은 사람이고 존중받을 만한 가치가 있는 사람이라는 확신이 자존감이다.*

하지만 직장이나 세상에서 수많은 종류의 사람들, 그리고 의식적이건 무의식적이건 나에게 상처를 주는 사람들에게 휘둘려 살다 보면 이러한 확신을 갖기 어려워진다. 그래서 사람들은 확실한 자존감의 장치가 필요하다. 자신이 흔들릴 때마다 잡아주는 장치 말이다.

많은 사람이 종교에서 자존감을 찾는다. 기독교에서는 모든 사람이 하나님의 자녀이고 사랑받기 위해 태어난 아주 소중한 존재라고 말한다. 나를 구원하기 위해 예수께서 십자가에서 피흘려 돌아가실 정도로 나는 귀중하고 하나님이 자신처럼 아끼는 사람이다. 비록 매일 죄를 짓고 어리석고 열등감에 휩싸이는 존재지만 회개를 통해 죄를 씻으면 누구보다 훌륭한 사람이 될 수 있다는 확신을 매주 예배를 통해 끊임없이 주입한다. 기도를 하고 찬송을 부르는 일종의 의식을 통해 자신의 모든 생각과 영혼에 각인을 하는 것이다. 마음이 흔들리지 않도록 말이다. 이는 불교도 마찬가지다.

모든 종교는 이처럼 우리의 자존감에 대한 답을 준다. 종교 외에도 자신을 인정해주고 좋은 점수를 줄 수 있는 그 무엇인가를 갖는 것은 중요하다. 그 무엇인가를 찾는 것이 밥값하는, 성공하는, 그리고 행복한 직장인에게 주어진 과제다.

아직도 직장에서 상처를 받는가? 자존감이 무너지는가? 열등감에 휩싸이는가? 그들에게 신경을 끄자. 그들은 당신에게 별 관심이 없다. 당신과 마찬가지로 자신들의 문제만으로도 매일 허덕이기 때문이다. 그런 사람들 때문에 내가 괴로울 필요가 있는가? 그들을 보지 말고 나 자신에 집중하고 나 자신을 평가하자. 나에게 맞는 기준을 세우고 나를 좋게 평가하자. 그러면 모든 문제가 해결된다.

직장생활의 과정을 즐겨라. 과정이 즐거워지면 반드시 좋은 성과와 평가가 돌아온다. 고백하자면, 나 역시 여전히 상처를 받는 나약한 직장인이다. 아직은 잘 모르겠지만, 28만 명의 심리를 치유한 배르벨 바르데츠키의 『너는 나에게 상처를 줄 수 없다』에서 그렇다고 하니 나도 한번 굳게 믿고 따라보려 한다.

6장

무한한 긍정의 힘이
직장생활의
파워에너지다

긍정의 힘을 가진 직장인은 당당하다. 결과적으로 밥값을 하는 직장
인은 긍정적인 사람이다. 긍정적인 사람만이 일의 성과를 낼 수 있
고, 또 주변에 좋은 영향을 미친다. 성공하는 직장인은 절대긍정에
강하다.

미국에 사는 어떤 사람이 있었다. 그는 한때 성공한 사업가로 사랑하는 아내와 좋은 집에서 여유롭고 행복하게 살았다. 그러나 안타깝게도 사업에 문제가 생기면서 모든 것을 잃고 무일푼이 되었다. 집도 잃고 차도 잃어버린 그는 거주지를 작은 아파트로 옮기고 앞으로 무엇을 할 것인가를 고민했다. 그러나 고민하면 할수록 막연해지고, '빈손으로 어떻게 새출발을 할 수 있을까?' 하는 부정적인 생각이 머리를 떠나지 않았다. 부정적인 생각 때문에 지나간 과거에 대해 후회만 하며 실의의 나날을 보낼 수밖에 없었다.

그러던 어느 날 그는 달라지기로 결심했다. 그동안 안 하던 면도를 하고 머리를 정돈하고 옷장에서 가장 멋있는 정장을 꺼내 입었다. 그리고 남아있는 구두 중에서 가장 좋은 것을 꺼내 닦아 신었다. 마찬가지로 아내도 드레스를 차려입고 잘나갈 때 착용하던 액세서리를 하고 머리를 만졌다. 비록 차도 없었지만, 부부는 손을 잡고 집을 나와 버스를 타고 시내에 있는 가장 비싼 호텔에 가서 로비에 있는 소파에 앉았다.

그러고는 그 자리에서 휘황찬란한 샹들리에와 대리석 바닥, 멋있게 차려입고 분주하게 움직이고 있는 소위 잘나가는 사람들의 모습을 바라보았다. 사람들이 연회장에서 열린 파티에 가며 행복한 미소를 지었고, 고급 레스토랑에서 나오는 사람들은 팔짱을 끼고 웃고 있었다. 부부는 손을 잡고 로비에서 여유롭고 행복한 사람들의 긍정적인 에너지를 흠뻑 받아들였다. 앞날이 캄캄한 상황에서 침울한 분위기의 집에 우울하게 앉아있다 보면 부정적인 생각만 자꾸 들게 된다. 부정적 에너지가 커지면 걷잡을 수없이 몸과 마음이 피폐해지기 마련이다.

그래서 그는 부정적인 생각을 접고 가장 행복했을 때 자주 가던 멋있는 호텔에서 여유로운 사람들을 바라보면서 나도 다시 저렇게 될 수 있다는 긍정의 마인드를 키운 것이다. 사람의 마음과 영혼은 참으로 신기한 것이어서 긍정의 에너지냐 부정의 에너지냐에 따라 눈빛이 달라지고, 얼굴 표정이 바뀌며, 말과 행동이 바뀌고 결국 인생이 바뀐다. 시간이 날 때마다 아내와 함께 호텔에 들러서 긍정의 에너지를 쌓아간 그는 결국엔 다시 일어설 수 있었고, 오히려 이전보다 더 크게 사업에 성공했다. 긍정의 마인드와 에너지가 얼마나 큰 힘을 발휘하는지 보여주는 좋은 이야기이다. 내가 가장 좋아하는 책인 조엘 오스틴Joel Osteen 목사가 지은『긍정의 힘You Best Life Now』에 나오는 이야기다.

긍정의 힘이
나를 변화시키다

앞의 글에서 몇 번 언급했듯이 나의 직장생활 초반은 결코 순탄치 못했다. 내가 직장생활을 시작했던 경영컨설팅 회사는 호황일 때는 높은 연봉을 받으며 멋지게 직장생활을 하지만 컨설팅 업계에 불경기가 오면 그 어느 누구보다도 비참한 모습으로 전락한다.

회사에서는 돈 못벌어 오는 컨설턴트들은 쓰레기 취급을 하며 구조조정으로 빨리 정리하고자 하고, 사이에 끼인 나 같은 리더들은 고민에 빠져 밤잠을 못이루고 신경쇠약에 시달리기도 한다. 불면증으로 수면제를 먹지만 제대로 잠을 이루지 못하고, 그렇게 몇 달을 지내면 사람이 점점 피폐해져 매일 밤 후회되는 과거와 미래에 대한 불안으로 자꾸만 부정적인 에너지에 빠지게 된다. 우연히『긍정의 힘』을 알게 되어 첫 장을 펴는 순간, 하루만에 책을 다 읽어 버렸다. 부정적 에너지에 휩싸여 괴로워하던 나에게 새로운 희망의 메시지로 다가온 것이다.

결국 사람은 어떤 마인드로 자신의 행복을 찾느냐에 따라 인생이 달라진다는 조엘 오스틴 목사의 이야기가 가슴에 칼처럼 꽂혔다. 그 날부터 그 책을 10번 이상은 읽은 것 같다. 잠을 설치고 새벽에 일어나 회사로 향하는 버스에서 이전에는 꾸벅꾸벅 졸기나 했는데, 『긍정의 힘』을 줄을 쳐가면서 읽고 또 읽었다.

그리고 내 머릿속에 세뇌를 했다. '나는 지금의 이 어려움을 이겨낼 수 있고, 지나온 날들도 최선을 다했기에 이제 와서 후회할 필요가 없고, 앞으로도 난 잘될 것이다.' 속으로 다짐을 하고 다짐을 하다보니 점차 긍정의 에너지가 내 머리를 움직이기 시작했고, 조금씩 자신감이 생겼다. 결국 회사에 자의반 타의반으로 사표를 내고 나와 버렸지만 크게 두렵지 않았다. 내 마음밭에 뿌려진 긍정의 힘과 에너지가 나를 받쳐주었기 때문이다.

긍정의 에너지 덕분일까? 고사성어 새옹지마가 딱 들어 맞을 만큼 나에게 오히려 더 좋은 기회가 주어졌고, 새로운 컨설팅 회사에서 더 좋은 조건으로 일하게 되었다. 물론 그 이후에도 나의 직장생활에 크고 작은 우여곡절이 많이 있었으나, 그때마다 조엘 오스틴 목사가 지은 『긍정의 힘』을 다시 꺼내들고 줄을 쳐놓은 부분들을 다시금 되내인다.

지금은 하도 많이 읽어서 너덜너덜해졌다. 그 바래진 책을 보면서 '이렇게 어려운 시절을 잘 버텨왔구나' 하고 내가 대견스럽게 느껴지기도 한다. 긍정의 에너지를 갉아먹는 부정적인 생각은 마치 바퀴벌레와 같아서 없앴다고 생각을 해도 조금만 방심하면 슬금슬금 어디에서든 기어 나와 또다시 부정적인 에너지에 빠지게 한다.

직장인들의 비극의 상당수는 막연한 불안에서부터 시작된다. 회사는 나의 것이 아니기에 언제 어디서든 항상 다른 동료들과 비교되고 평가되며, 언젠가는 모든 걸 내려놓고 나가야 한다. 아무리 잘나가고 승승장구하더라도 무슨 일이 어떻게 벌어져 좌천되는 신세가 될지 모른다. 그리고 언젠가 때가 되면 후배들에게 밀려 나게 되어 있다. 매일 밤 야근도 하고 주말에도 최선을 다해 일을 해도 만족할 만큼의 성과가 나오지 않아 상사들에게 인정을 받지 못한다고 생각될 때 가장 불안하고 괴롭다.

아무리 몸이 고단하고 힘들더라도 누군가가 나를 알아주고 제대로 평가해준다면 누구나 힘이 나고 자신감이 솟는데, 대개의 경우 누구도 쉽게 인정해주지는 않는다. 항상 직장에서는 잘한 일보다 잘못한 일이 눈에 더 띄고 주목을 받으며 칭찬보다는 질책이 많다. 이 모든 불안은 일하는 데 있어 과정을 즐기지 못하고 결과만으로 모든 것을 바라보고 주목하기 때문이다. 아무리 열심히 일을 해도 결과가 좋지 않을 수가 있다.

엄청난 변화를 가져올
긍정의 기적

내가 일하는 유통업계에서는 아무리 상품을 잘 준비하고 행사를 잘 기획하더라도 갑자기 비가 오거나 날씨가 좋지 않으면 모든 것이 물거품이 된다. 여름이 덥지 않고 겨울이 춥지 않다면 아무리 애를 써도 여름상품, 또는 겨울상품이 팔릴 리가 없다. 그러면 매출은 형편없어지고 그 책임은 마케팅과 영업담당 임원들이 진다. 만약 결과만 바라보고 임원이나 간부를 평가해 잘라 버린다면 아마도 2년 이상을 넘길 사람은 없을 것이다. 항상 사업과 일에는 변수가 따르기 마련이고 아무리 열심히 해도 컨트롤 할 수 없는 한계를 넘는 일도 있기 때문이다.

그래서 직장에서 함부로 사람을 자른다면, 그 회사에 인재는 없을 것이다. 따라서 우리는 결과만이 아니라 과정을 봐야 한다. 과정 속에서 일하는 방식을 보고 됨됨이를 보며, 과정을 즐겁게 몰입해 일하는 사람을 평가해주어야 한다.

그렇다면 직장생활에 있어 많은 불안감은 줄어든다. 그리고 일을 즐길 수 있다. 직장인들의 막연한 불안감은 부정적인 에너지를 불러일으키고, 사람을 위축시킨다. 긍정의 에너지를 가진 직장인은 불안하지 않다. 자신감이 있다. 일을 즐기고 과정에 최선을 다한다. 그리고 후에 나올 결과에 대해서 미리 고민하지 않는다.

최선을 다했기에 잘될 것이라고 긍정적인 결과를 기대한다. 지난 일에 대해 후회하지 않는다. 후회한다는 것은 지나간 의사결정이나 행동에 대해 최선을 다하지 못했다는 것을 후회하는 것인데, 긍정적인 사람은 후회하는 것 자체를 자존심 상해한다. 분명 그때도 고민을 하고 최선을 다해 선택한 것인데 왜 이제와서 잘못되었다고 생각하는 것인가? 지금의 결과는 아쉬운 점이 있을 수도 있으나 가장 최선의 결과라고 인정하는 것이다.

긍정의 힘을 가진 직장인은 당당하다. 결과에 따라 어떤 면이 부족했는지를 빨리 분석하고 고치는 것에 민감하고 유연하게 움직인다. 부정적인 에너지의 직장인은 후회하고 결과에 대해 남탓을 찾느라 정작 해야 하는 개선에는 소홀하다.

결과적으로 밥값을 하는 직장인은 긍정적인 사람이다. 긍정적인 사람만이 일의 성과를 낼 수 있고, 또 주변에 좋은 영향을 미친다. 부정적인 사람이 많은 조직일수록 일이 안풀리는 것은 당연한 것이 아닐까? 조직원들에게 어떻게 긍정적인 마인드를 심어주고 자신감을 심어줄지 고민하는 것은 바로 성공하는 리더들의 가장 중요한 성공 비법이 될 것이다.

약육강식의 법칙이 존재하는 직장이라는 정글. 외면할 수 없는 현실이다. 과연 나는 강자에게 고개 숙이고 동료와 경쟁을 하면서 나의 품격과 자존감을 지킬 최후의 보루가 있는가? 회사에서 인정 받으면서 가족과 삶의 여유를 지켜낼 자신이 있는가? 매일 하는 일이 지루하고 의미를 찾지 못하더라도 그 일들을 활용해 실력을 키우고 입지를 넓힐 지혜가 있는가? 꿈꾸던 일이 아니고 흥미로운 일이 아니더라도 묵묵히 일을 해나갈 인내가 있는가? 정글에서 이기지는 못하더라도 최소한 지지는 않으려면 앞에서 던진 몇 가지의 질문에 답을 찾아 나가야 한다.

2부

직장이라는 정글에서
어떻게 승리할 것인가?

월급이란 무엇이고
어떻게
구성되어 있는가?

밥값을 하는 직장인은 월급에 대해 명확한 관점이 있다. 온전히 물리적인 시간과 업무 성과로만 월급을 받는 직원이 많을수록 그 회사는 강해지고 성공 가능성도 높아진다.

직장인들은 월급을 받기 위해 회사에 다닌다. 매달 통장에 입금되는 월급으로 가족을 부양하고 생활을 꾸려가기 때문이다. 저녁 늦게까지 일하는 것도, 다음날 새벽까지 야근을 하거나 회식을 위해 하룻밤을 저당 잡히는 것도 다 월급을 받기 위해서다.

주말에도 군말 없이 회사에 나와 의미 없는 보고서를 작성하느라 휴일을 보내야 한다. 이렇게 내 시간의 대부분을 회사에 바치는 것은 물론이고 사장을 비롯한 윗분들에게는 늘 고개를 숙이고, 공손한 태도를 유지해야 하며, 때로는 주눅들어 지내야 하는 것도 다 월급을 받기 위해서다. 만약 회사에서 월급을 주지 않는다면 회사와 직장인의 관계는 존재하지 않는다.

월급에 대한
서로 다른 입장의 모순

위에서 언급된 모든 것은 월급을 받는 만큼의 값, 즉 밥값을 하기 위한 월급쟁이들의 의무다. 나는 가끔 팀원들과 회식을 할 때 이런 말을 한다. "월급쟁이는 월급이 입금되면 회사에 나오고, 월급이 안 들어오면 회사에 안 나오면 된다." 어쩌면 서글프거나 냉정하게 들릴지 모르지만 이 말은 내가 직장생활을 해오면서 쌓아온 경험을 통해 이루어진 월급에 대한 철학이다.

이 말은 2가지 의미를 갖고 있다.

첫 번째, 회사에 너무 큰 기대를 걸지 말라는 이야기다. 언제든 회사에서 나를 필요치 않는 순간이 올 수 있고, 떠나야 하는 시점이 올 수 있다. 그때 상황을 직시하지 못하고, '회사를 위해 내 젊음을 바치고, 나의 모든 것을 걸었는데 어찌 나에게 이럴 수 있는가?'라며, 드라마에서 흔히 보는 못난 탄식을 하지 않도록 자기 준비를 철저히 해야 한다는 의미다.

두 번째, 직원이 회사에 큰 기대를 걸지 않는 만큼 회사에서도 직원에게 너무 큰 기대를 걸거나 과도한 것을 원해서도 안 된다는 것이다. 월급을 준 만큼 일을 시켜야 하는데 그 이상을 원해 개인의 가정생활까지 희생하길 바라고 회사에 올인하도록 요구해서는 안 된다. 하지만 이런 일은 비일비재하다.

지금 같은 시대에도 국내에서 가장 큰 대기업에서 주말 출근을 강요하고, 그것을 기준으로 회사에 대한 충성심을 가늠하는 사장도 있다. 대개 그런 경우 사장 자신의 가정생활에 문제가 있어 집에 있기 싫고 회사가 더 편하니 남들도 그렇기를 은근히 바라는 것이 아닐까 싶다.

월급쟁이는 회사생활을 함에 있어 자기 철학을 명확히 해야 한다. 특히 월급에 대한 철학 말이다. 월급을 주는 입장이든 받는 입장이든 모순적인 생각과 행동을 해서는 안 된다.

월급을 주는 입장이라고 해서 직원들의 모든 개인적인 생활까지 통제하고 일에 올인하도록 요구하는 것이나 혹은 자신의 모든 것을 회사에 바쳤으니 '내 인생 책임져'라는 식의 요구를 하는, 참으로 안타까운 모순적인 말이다.

크게 혼난 직원
'제 월급에는 매값도 포함되어 있죠'

월급 액수는 근무 연수나 직책에 따라 달라지고, 보직에 따라서도 차이가 있지만 월급을 구성하는 값들은 정해져 있다. 나는 과거에 재미있는 경험을 계기로 월급을 구성하는 값들에 대한 생각을 정리했다.

어느 날 나는 과장급 부하직원이 보고한 내용이 상당히 마음에 들지 않았다. 몇 가지 지시를 내렸는데, 내가 의도한 것과 전혀 다르게 본인 마음대로 판단하고 일을 엉망으로 만들어 놓은 것이다. 화가 나서 그동안 참아왔던 불만을 한꺼번에 터뜨렸고, 한마디로 그 직원을 쥐잡듯 박살냈다. 평소에 마음에 안 들었던 행동부터 그날 일의 결과까지 약 30분 동안 언성을 높여가며 일방적으로 혼을 냈다.

그러고는 얼굴이 벌개진 과장을 자리로 돌려보냈는데 영 마음이 편치 않았다. 몇 시간 후 그 과장에게 차 한 잔 하자고 불러낸 뒤 내가 너무 심했던 것 같으니 마음에 담아두지 말라고 이야기하며 마음을 풀어주려고 했다. 그런데 뜻밖에 그 과장이 밝게 웃으며, "상무님, 괜찮습니다. 제 월급에는 상무님께 혼나는 매 값, 욕 값이 이미 포함되어 있습니다"라고 말하는 것이 아닌가?

순간 나는 어이가 없었지만 그 과장의 생각과 표현이 재미있기도 해서 크게 웃었다. 상사에게 혼이 났지만 그것을 꽁하게 마음에 두고 있기보다 아예 월급에 그 몫까지 포함되어 있으니 전혀 힘들어 할 필요가 없다는 발상이 참 마음에 들었다. 그 말 한마디로 평소 인상이 좋지 않았던 그 과장이 꽤 괜찮은 친구로 보였다.

그 일을 계기로 나는 과연 월급에는 어떤 요소들이 포함되어 있고, 그 구성 요소들의 값은 얼마나 될까 하는 생각을 하게 되었다. 만약 내가 받는 월급이 100만 원이라면 그 중 실제 업무에 해당하는 몫은 얼마이고, 그 외 회사를 위해 내가 하는 모든 것들이 각각 어느 정도 비율로 구성되어 있는지 궁금해진 것이다.

월급에는 모든 기회비용이
포함되어 있다

회사에서 나에게 지급하는 월급은 크게 3가지 항목에 대한 비용으로 생각해볼 수 있다.

첫 번째는 직접적으로 내가 쏟는 시간과 역량에 대해 지불하는 물리적 비용이다. 공식적으로는 하루 8시간, 주 5일 근무이므로 보통 일주일에 약 40시간가량의 시간을 쏟게 된다. 여기에 출퇴근을 위해 약 2시간, 그 외 가끔 저녁 회식이나 야근 등으로 퇴근 후의 시간을 부가적으로 회사에 쓴다. 하루 중 취침 시간을 제외한 대부분의 활동 시간을 차지하는 셈이다.

또한 회사는 개인의 능력과 역량을 돈을 주고 사는 것이다. 예를 들어 나는 지금의 회사에서 일을 하고 성과를 내기까지 십수 년간 공부해서 대학에 들어갔고, 전공 및 교양과목들을 배운 뒤 다시 대학원에 진학해 전문지식을 강화했으며, 다양한 회사에서 경력을 쌓았다. 이러한 모든 과정을 거쳐 축적된 역량을 바탕으로 지금 회사에서 업무 성과와 실적을 내는 것이다. 회사는 일주일 동안 약 40시간을 쏟아붓는 능력에 대한 보상으로 월급을 주는 것이다.

두 번째는 정신적인 비용이다. 세상의 모든 월급쟁이들은 회사 규모에 상관없이 업무와 조직문화 등으로 인해 엄청난 스트레스를 받는다. 업무 실적 및 성과에 대한 스트레스는 말할 것도 없고, 원하지 않는 상황과 부딪혀야 하며 맞지 않는 사람을 상대해야 하는 등 각종 어려움이 따른다.

많은 직장인이 이직을 고민하는 여러 가지 이유 중에 직장 상사나 동료와의 갈등과 불화가 큰 비중을 차지한다. 연봉이나 업무 여건에 대한 불만보다 매일 얼굴을 봐야 하는 사람들과의 불편한 관계가 사람을 더욱 피폐하게 만든다.

이 때문에 실제 업무에 쏟는 물리적인 40시간뿐 아니라 때로는 하루종일, 심지어 잠자리에 누운 그 순간까지 회사와 관련된 복잡한 일들이 머릿속을 떠나지 않는다. 이로 인해 불면증이 생기기도 하고 스트레스성 위장병 같은 각종 질환에 시달리기도 한다.

모든 사람은 각자의 가족에게 귀한 아들이고 딸이며 가장인데, 회사에서는 전혀 일면식이나 관계가 없던 사람이라도 상사라는 이유만으로 앞에서 굽신거리며 고개를 숙여야 한다. 설령 상사가 옳지 않은 판단이나 행동을 해도 그 앞에서 바로 반기를 들거나 반항하는 것은 우리나라 정서상 아직 용납되지 않는다.

어떤 경우에는 자신의 잘못이 아닌데도 상사의 오해나 동료의 실책으로 호되게 혼나고 욕을 먹기도 한다. 자존심이 상해 자괴감이 들 때도 있다. 이러한 정신적인 스트레스는 직급을 떠나 월급쟁이라면 어느 누구도 피해갈 수 없는 숙명이며, 회사에 주는 월급에는 이에 대한 보상도 포함되는 것이다.

세 번째는 기회비용이다. 기회비용opportunity cost은 경제학 용어다. 한정된 자원으로 경제활동을 할 때 지금 취한 선택으로 인해 포기해야 하는 다른 선택들의 가치를 표현하는 비용이다. 경제생활에서 경제활동은 다른 경제활동을 할 수 있는 기회를 희생하는 것으로 이루어진다고도 할 수 있다. 그러므로 지금 취한 경제활동에서 얻을 수 있는 가치는 희생된 활동을 통해 얻는 가치보다 높아야 한다. 그렇지 않으면 경제적 관점에서 손해를 보는 것이고 효율이 떨어지는 활동을 하는 것이다.

개인도 마찬가지다. 우리는 하루 중 대부분의 시간을 회사에서 보낼 뿐 아니라 그 외 시간에도 업무와 조직 등 회사에 대한 생각을 하며 보낸다. 그러다 보면 자신의 인생이나 경력 개발을 위해 가질 수 있는 좋은 기회들을 놓치게 된다. 지금 내가 선택해서 일하고 있는 회사가 최상인지, 만약 다른 선택을 했다면 어떤 결과가 있을 것인지는 아무도 모른다.

하지만 현재의 회사생활에 불만이 있을수록 다른 선택에 대한 아쉬움은 커지고, 회사 업무에도 집중할 수 없게 된다. 지금 이 순간도 많은 직장인이 이러한 기회비용에 대한 손실과 후회를 줄이고자 다른 회사에 이력서를 내고 이직을 준비할 것이다. 그런 직원이 많을수록 회사 입장에서는 눈에 보이지 않는 업무 손실이 클 수밖에 없고, 만약 이직으로 이어질 경우 다시 직원을 뽑고 업무와 조직에 적응할 때까지 투입되는 비용도 엄청나다.

그러므로 회사는 직원들이 다른 선택을 했을 때 얻을 수 있는 기회비용에 대한 보상까지 월급에 포함시켜야 한다. 그래야 직원들은 현재 회사를 최적의 선택으로 인정하고, 회사에 충성심을 갖고 최선을 다해 일할 것이다.

하루 중 얼마나
업무에 집중하는가?

월급은 위에서 정리한 3가지 항목으로 구성되어 있다. 그러나 만약 내가 일하는 시간과 능력, 성과 등 물리적 비용만 받는다고 생각이 든다면 회사는 직원들을 부당하게 대우하는 것이고, 회사를 다니는 나는 지옥에서 생활하며 착취당하고 있는 것이다. 내가 회사로 인해 겪는 정신적인 스트레스에 대한 보상과 포기해버린 선택에 대한 기회비용 값을 받지 못하고 그 항목만큼의 월급이 계속 체납되고 있는 것이기 때문이다. 과연 그렇게 생각하면서 회사생활을 이어가는 것이 바람직한 것일까?

회사를 옮긴다거나 창업을 해서 사장이 된다고 해결되는 것은 아니다. 자신이 데리고 있는 직원들이 만약 이 같은 생각을 한다면 똑같이 직장은 지옥과 같은 곳이 될 것이고, 사장 자신도 불행하게 느껴질 것이다.

사장이든 직원이든 회사와 월급에 대한 철학과 관점을 재정립하자. 자신의 월급 명세서에 찍혀 있는 단순한 숫자를 3가지 비용 항목으로 정리해 보자.

자신이 처한 상황과 마음 상태에 따라 각 비용 항목의 비율은 달라진다. 만약 월급이 100만 원인데 자신이 회사에서 엄청난 정신적 스트레스를 받고 있고 상사에게 시달린다면 그 정신적 비용에 대해 회사에서는 30만 원을 지불하는 것이다. 앞에서 언급한 내 부하직원처럼 담당 임원에게 30분 넘게 혼나고 깨졌다면 아마 그날은 특별히 회사에서 받은 10만 원의 매값을 치른 것으로 보면 될 것이다.

두 번째 항목인 기회비용에 대한 보상 부분을 따져 보자. 다른 회사를 다니는 친구들의 이야기를 들어보니 월급도 나보다 많고, 업무 환경이나 미래 비전도 좋아 보인다. 그래서 친구가 부럽고 이 회사에 들어온 것이 후회되지만 그렇다고 즉시 사표를 내고 새 출발할 용기는 없다. 이런 고민을 갖고 있다면 회사에서는 그 기회비용에 대해 30만 원을 지불하는 것이다.

최종 남은 40만 원은 내가 물리적으로 일한 시간과 업무, 성과에 대한 비용이다. '고작 40만 원?'이라고 생각할지 모르지만 사실이 그렇다. 모두들 주중 공식적인 40시간에 부가적인 시간들을 합쳐 기나긴 시간을 회사에 바치고 있다고 말하지만, 과연 그 시간에 얼마나 회사에 집중하고 올인하고 있는가? 회사에 앉아 있는 하루 10시간 중 온전히 업무에 쏟아붓는 시간은 과연 얼마나 되는가? 식사를 하고 담배를 피우고 커피를 마시고 스마트폰을 쳐다보는 시간이 과연 얼마나 되는가? 직장상사나 동료에 대한 불만과 짜증, 불화로 미루거나 차질을 빚고 있는 업무가 얼마나 되는가? 나보다 잘 나가는 동료들 때문에 속상해하고 다른 생각하느라 놓친 아이디어나 기획안이 얼마나 되는가? 과연 나는 온전히 40만 원만큼의 가치를 회사에 기여하고 있는가?

'그렇다'고 자신 있게 말할 수 있는 사람도 있겠지만, 부끄럽게도 나는 그렇지 못한 것 같다. 하지만 고맙게도 회사는 다른 정신적 비용과 기회비용을 포함한 월급 100만 원을 나에게 입금해준다.

기회비용이 적을수록
'밥값'하는 직장인

밥값을 하는 직장인은 월급에 대해 명확한 철학이 있다. 100만 원만큼 제대로 밥값을 하려면 정신적인 비용과 기회비용을 줄여야 한다. 온전히 물리적인 시간과 업무 성과로만 월급을 받는 직원이 많을수록 그 회사는 강해지고 성공 가능성도 높아진다.

이것은 직원들만의 책임이 아니다. 더 정확히 말하면 사장과 경영진의 책임이 훨씬 더 크다. 직원들이 불필요한 스트레스를 받거나 고민에 빠지지 않고 일에만 집중할 수 있도록 명확한 비전을 제시하고, 일할 맛나는 '신나는' 조직문화를 만들어야 한다. 매월 직원들에게 주는 불필요한 정신적 비용과 기회비용을 줄이고자 한다면 말이다. 이것은 경영상에 있어 매우 중요한 전략이다.

2장

직장생활의
성공을 보장하는
꽃보직이라는 것이 있는가?

다른 자리를 비교하면서 기웃거리지 말고 지금의 자리에서 제대로 밥값을 하자. 시간이 흘러 기업의 상황이 바뀌고 시대가 바뀌면 반드시 빛을 보게 된다.

한 헤드헌팅 리서치 회사에서 5천 명의 직장인에게 "현재 다니고 있는 직장에 가장 바라는 바가 무엇인가?"라는 질문으로 설문조사를 했다고 한다. 당연히 월급을 더 올려달라는 말이 가장 많을 줄 알았는데 의외로 34%의 응답이 '원하는 보직으로의 변경'이었다고 한다. 그 뒤를 이어 31%가 '직무교육', 20%가 '승진', 그 다음으로 16%가 '월급 인상'이었다고 한다. 요즘의 직장인들은 당장의 월급인상이나 승진보다는 궁극적인 경력관리에 더 관심이 많고, 이를 위해 본인이 바라는 보직으로의 변경이나 직무 교육에 관심이 많다는 것은 바람직한 현상이다.

하지만 설문조사는 설문조사다. 개인적으로 오랜 직장생활을 하면서 바라본 주변 사람들은 궁극적으로 장기적인 커리어 관리를 위한 보직보다는 일하기 편하고 소위 승진이 잘되는 보직으로 가고 싶은 욕심이 큰 것이 사실이다. 나는 늘 힘들고 매일 야근하는 것 같고 주말에도 일하고 시간에 쫓겨 스트레스가 많다. 반면에 위에 계신 상사분들은 내가 한 고생을 잘 모르는 것 같다. 인사고과에서는 늘 밀리고 승진할 때 보면 소위 힘있고 잘나가는 부서는 승진이 척척 잘되는데, 나는 늘 누락된다. 이런 생각이 들기 시작하면 정말 직장생활이 어려워지기 시작한다.

꽃보직 쫓다 망한 사람
한둘 아니다

실제로 기업의 특성에 따라 보직의 차이가 존재하는 것이 부정할 수 없는 현실이다. 정말 재수없이 힘들고 승진이 잘되지 않는 부서에 배치되고 발령받아 인생이 꼬였다고 느낀다면 어디부터 다시 시작해야 할지 난감하다. 게다가 위에 모시는 팀장이나 상사가 성격까지 이상하다면 최악이다. 취업의 문을 뚫고 어렵게 들어온 회사인데 다른 회사를 기웃거리기 시작한다. 운좋게 다른 회사로 이직을 하거나 아니면 다른 팀으로 발령이 나면 얼마나 행복해질 수 있을까? 똑같이 또 남의 떡이 커보일 뿐이다. 똑같이 야근을 할 것이고 인사고과에서도 밀릴 것이다. 그 외에도 같은 상황이 반복될 뿐이다. 본인의 마음을 고쳐먹지 않는다면 말이다.

우리나라에는 '꽃보직'이라는 말이 있다. 아마도 군대문화에서 유래된 것이 아닌가 싶다. 남자라면 대부분 겪어야 하는 군대 생활에도 다양한 보직이 있다. 부대 생활에 있어 소위 꽃보직, 즉 편하고 안전한 보직은 주로 행정병이나 장교 당번병, 통신병 등 고된 훈련이나 부대 잡일에서 열외가 되는 보직들을 말한다. 일반적인 사병들은 아침부터 밤까지 야외에서 훈련하고 땅파고 보초를 선다. 하지만 이 보직들은 편한 사무실에 앉아있다. 다칠 일도 별로 없다.

하지만 꽃보직이라는 것은 매우 특별한 환경인 군대에서나 존재하는 것이 아닐까? 과연 사회와 기업에 있어서도 편하기만 한 꽃보직이라는 것이 존재할까? 기업의 특성이나 문화에 따라 소위 힘있고 잘나가는 조직이 있다. 그 조직은 최고 경영자의 성향이나 기업의 현재 상황에 따라서 달라지기도 한다. 하지만 대개의 경우 인사나 재무, 관리 계통의 조직이 힘이 있고 잘나간다.

인사고과나 부서 발령 등의 권한을 가진 인사의 경우는 그 힘이 막강하다. 인사 임원이나 팀장을 떠나 밑의 과장이나 대리에게도 밉보이면 늘 찝찝하기 마련이다. 재무나 관리 계통도 막강하다. 예산과 성과 관리의 권한을 가진 관리부서에 맞서다가는 사사건건 부딪히게 되어 일을 진행시킬 수가 없게 된다. 매출이나 영업 실적에 대한 직접적인 책임을 지지는 않다보니 영업부서 입장에서 보면 스트레스도 적고 늘 한가한 이야기들을 하는 것처럼 보인다.

소의 걸음처럼
묵직함이 필요하다

나는 유통 대기업에서 전략과 마케팅을 총괄하지만 솔직히 다시 처음부터 직장생활을 할 수만 있다면 재무나 관리 업무를 하고 싶다. 그 이유는 매일매일 매출에 쫓기고 영업 활성화를 위해 머리를 쥐어짜지 않아도 될 것 같아서다. 그리고 예산을 짜는 데 힘이 있어 모든 부서에서 다들 아쉬운 소리를 하고 어려워하기 때문이다.

그리고 직장 수명도 오래가는 것 같기 때문이다. 사업 결과에 따라 늘 평가를 받는 부서들은 아무래도 명이 짧다. 또 무리해서 사업을 전개하다보면 사건 사고의 리스크를 지게 되고 기업 감사의 대상이 되기도 한다. 그래서 나도 가끔은 마케팅이 아닌 관리 부서의 떡이 더 커보이는 때가 있다. 반면에 영업이나 마케팅 부서는 상황에 따라 힘이 달라진다.

기업이 성장을 하고 잘될 때는 영업과 마케팅부서의 수장은 막강한 파워를 가진다. 인사나 관리부서에서도 아낌없이 예산이나 인력을 지원한다. 지원받은 만큼 신장을 하면 어깨에 더 힘이 들어가고 그 부서의 고과나 승진은 탄력을 받는다. 하지만 항상 영업이 잘되라는 법은 없다. 항상 오르막이 있으면 내리막이 있는 법이다. 매출이 떨어지고 MS가 줄면 영업 부문만큼 비참해지는 부서도 없다. 당연히 예산은 삭감되고 인력도 줄게 된다. 인사 고과는 당연히 떨어지고 승진도 누락자가 다수 배출된다. 인사나 재무 같은 지원부서와는 다르게 롤러코스터를 타게 되는 것이다.

　게다가 기업 자체가 성장기의 상황이 아니라 침체기에 들어섰다면 관리부서의 파워는 더욱 막강해진다. 이러한 우리나라 기업의 조직이나 보직 간의 힘의 방정식은 1997년 IMF 외환위기 전후로 나뉜다. 무모할 정도로 도전적으로 사업을 전개하던 그 당시 국내 기업은 신사업을 위한 기획이나 마케팅, 영업부서 및 생산부서에 많은 힘이 실려있었다. 관리부서는 은행 등에서 차입 등을 통해 성장을 위한 자금을 마련하는 역할을 하며 영업이나 생산부서를 지원하는 데 충실했다.

　그러나 거품이 꺼지고 외환위기가 오자, 인사부서나 경영관리부서의 힘이 엄청나게 커졌다. 무분별하게 벌려놓은 사업과 인력에 대한 구조조정의 과정에서 인사부서나 관리부서는 일종의 공포의 대상이 되기도 했다. 인사부서나 관리부서에서 어떻게 보느냐에 따라 단순히 고과나 승진누락이 아닌 정리해고의 대상이 되기도 했기 때문이다. 삼성이나 현대, LG 등 굴지의 그룹에서 구조조정본부를 구성하고 주로 재무, 인사통이 그룹의 모든 것을 통제하며 대개의 경우 생산, R&D, 영업, 마케팅의 인력들이 많이 정리되었다. 그때부터 10여년 동안은 인사부서나 관리부서 등의 부서는 힘이 있고 고과나 승진에 있어서도 유리하게 되었다.

짧게는 10년, 길게는 20년을 내다보는
지혜가 필요하다

그렇다면 과연 인사나 관리 등의 보직이 좋기만 한 것인가? 기획, 마케팅, 영업 등 현장에서 뛰어다니는 보직은 고달프기만 한 것일까? 꼭 인사, 관리, 기획, 마케팅, 영업, R&D 등 다양한 기업 내 부서 및 보직에서 잘되는 보직과 안 되는 보직, 빛보는 보직과 고생만 하는 보직, 승진이 잘되는 보직과 안 되는 보직, 편하기만 한 보직과 힘들기만 한 보직이 있는 것일까? 한 번 부서나 보직 발령을 잘못 받고 꼬이기 시작하면 직장생활이 고달파지는 것인가?

IMF를 겪은 지 거의 20년이 넘었다. 최근의 기업들의 트렌드를 보면 다시 성장에 대한 목마름이 커지고 있다. 글로벌 경쟁이 치열해지고 저성장의 기조가 굳어지면서 어떻게든 새로운 사업을 발굴하고 성장 엔진을 찾지 않으면 무조건 도태될 수밖에 없는 상황이 온 것이다. 하지만 그렇다고 IMF 이전처럼 도전한다고 해서 성공하고 성장하는 시장 상황도 아니다. 고도 성장과 글로벌 경제가 받쳐주던 시대가 아닌 것이다. 중국 등 후발국의 추적과 우리가 믿고 있던 미국이나 유럽 등의 수출 대상국들은 오히려 힘들어하고 있다.

그래서 이제는 새로운 사업을 찾기 위해 도전하고 영업을 하는 부서와 사업의 리스크와 성과를 챙기고 관리하는 부서의 균형이 잘 맞아야 하는 시점이다. 리스크 관리에 너무 힘이 실리게 되면 사업이 위축되고 성장이 멈춘다. 또한 신사업 기획과 마케팅, 영업

확장에만 너무 힘이 실려도 기업이 위험해질 수가 있다. 즉 *이제는 꼭 잘나가는 보직, 못나가는 보직의 차이가 희미해졌다는 의미다. 어느 조직에 힘이 실리기보다는 기업 전체의 균형이 필요하다.*

마케팅을 맡고 있던 내가 오랫동안 부러워하던 선배가 있다. 그는 재무·관리 업무를 총괄하는 임원으로 소위 엄청 잘나가는 사람이다. 앞에서 언급한 대로 가끔 나는 다시 직장생활을 하게 되면 관리부서로 가서 영업과 새로운 사업추진의 스트레스에서 벗어나고 싶다고 생각했다. 그런데 최근에 그 선배가 나와 반대의 이야기를 하는 것을 들었다. 자신은 다시 직장생활을 시작한다면 재무·관리 업무는 너무 힘들어서 절대로 하고 싶지 않다고 했다. 현장에서 사업을 하고 싶다고 했다. '아… 항상 남의 떡은 커보이는 것인가? 늘 그 선배가 부러웠는데….'

밥값을 하는 직장인들은 어느 부서에서든, 어느 보직에서든 빛을 발하기 마련이다. 기업 내에서 필요가 없는 보직은 없다. 이제는 기업 내 부서간의 절대적인 힘의 차이도 과거와 다르게 적어졌다. 사업의 구조가 다양해지고 복잡해짐에 따라 부서와 보직의 전문성도 점점 커졌다. 일상적인 인사, 재무, 관리, 기획, 마케팅, 영업, 생산, 개발, R&D 등으로 나뉘어지던 보직들도 구조가 많이 달라졌다. 디자인이나 물류 등 과거에는 빛을 보지 못했던 부서들이 오히려 희귀성과 전문성을 인정받아 뜨고 있다.

때로는 발령받으면 한직으로 밀려난다고 생각했던 부서들도 이제는 달라졌다. 5천 명의 직장인들이 회사에 바라는 가장 큰 것이

'원하는 보직'이라면, 아마도 많은 사람이 원하는 보직은 특성에 따라 몰리기 마련이기에 기회가 오지 않을 수도 있다. 현재의 보직에서 밥값을 하지 못한다면 원하는 보직으로 갈 수도 없고 간다고 해도 밥값을 제대로 못할 확률이 크다. 항상 사람은 내가 가지지 못한 '남의 떡'이 더 크게 보이는 습성이 있기에 현재 자기가 가지고 있는 소중한 것을 놓치게 되는 것이다.

지금의 자리가
최고의 자리가 될 수 있다

지금의 자리에서 차분하게 준비를 하며 자신의 실력을 쌓아간다면 그 자리에서든 다른 보직으로의 기회로든 반드시 밥값을 할 수 있는 기회가 오기 마련이다. 직장생활은 길다. 짧게는 10년 길게는 20년을 내다본다면 지금의 자리에서의 어려움은 아무것도 아니다.

일본 막부시대의 절대적인 권력자였던 도요토미 히데요시의 이야기는 이런 면에서 유명하다. 천한 신분이었던 도요토미 히데요시는 그의 주인이었던 오다 노부나가의 집에 들어가 정말 가장 미천한 보직부터 시작했다. 노부나가의 짚신을 지키는 보직을 맡은 그는 다른 하인들과는 차원이 다르게 짚신을 항상 따뜻하게 자신의 가슴에 품고 있었다고 한다. 가장 하찮은 보직에서 인정을 받은 그는 그 다음 보직인 마구간지기가 되어 최선을 다해 노부나가와 장군들의 말을 성심을 다해 돌보았다.

그러다 우연한 기회에 노부나가에게 중요한 전투에서 말을 끌고 나갔던 그는 목숨을 다해 적진에 뛰어들어 공을 세우고 군대를 이끄는 장수가 된다. 그는 장수 중에서도 가장 하찮은 보직으로 부대를 이끌었다. 다른 장군들이 늘 전투에 선봉에 서서 공을 올리는 반면에 그는 오히려 군대가 퇴각할 때 후방에 남아 목숨을 걸고 주력 부대가 무사히 후퇴할 때까지 시간을 끄는 임무와 보직을 주로 맡았다.

하지만 늘 최선을 다해 임했고 결국 노부나가에게 깊은 인정을 받게 된다. 나중에 노부나가가 죽고 막부가 흔들릴 때 노부나가의 원수를 처단하고, 막부의 권력자로 등극한 그는 언제나 남들이 피하고자 하는 하찮은 보직에서 최선을 다해 존재감을 알리고 권력자의 인정을 받았다.

어떤 기업이든 야근도 안 하고 편하게 일하면서 승진도 잘되고, 빛을 보면서 스트레스도 적은 보직은 없다. 절대로 없다. 다른 자리를 비교하면서 기웃거리지 말고 지금의 자리에서 제대로 밥값을 하자. 시간이 흘러 기업의 상황이 바뀌고 시대가 바뀌면 반드시 빛을 보게 된다. 직장생활을 길게 보는 현명한 직장인의 가장 중요한 전략이다.

삶과 일,
무엇보다
균형이 중요하다

직장인은 자신만의 행복 리추얼(ritual)을 가져야 한다. 일과 개인생활
의 균형을 통해 행복의 선을 지켜가기 위해서는 직장과 일 외에 자신
에게 매우 중요한 무언가를 행복 리추얼로 정해 놓아야 한다.

밥값을 잘하는 직장인은 몸이든 정신이든 결코 회사에 얽매이지 않는다. 직장생활과 개인 및 가정생활의 선을 분명히 지키기 때문이다. 업무로 인한 스트레스를 직장에서 풀지 않으며 취미나 여가활동을 통해 정신건강을 유지한다. 그 결과 업무 집중력이 높아져 밥값을 더욱 잘하게 된다.

반면 밥값을 못하는 직장인은 회사와 가정의 선이 분명하지 않다. 집에서는 회사 일을 걱정하고, 직장에서는 집안일을 생각한다. 결국 일을 하는 것도 아니고 쉬는 것도 아니다. 마땅한 취미활동도 없어 직장 동료나 애꿎은 부하직원을 붙잡고 늦게까지 거리를 전전하며, 그것을 조직관리라고 생각한다. 일로 인한 스트레스를 여과 없이 주변 사람들에게 풀고, 어떠한 일에도 집중하지 못한다. 집중을 하지 못하기에 언제나 일이

많아서 힘들다고 짜증을 낸다. 그 결과 더욱 성과가 나지 않아 밥값을 더
못하게 된다.

회사에 몸 바쳐도
인정받지 못해

이 글을 읽고 있는 당신은 어느 쪽인가? 직장과 개인생활의 선을
잘 지키며 밥값을 하는 사람인가? 혹시 그렇게 살고 싶어도 직장
상사 때문에, 혹은 회사 분위기 때문에 그렇게 하지 못하는 것이라
변명하지 않는가? 늘 시간이 없어서 간단한 취미생활도 누리지 못
하는가? 아이들과 놀아주거나 부부끼리 오붓하게 대화를 나누고
싶어도 시간이 없다고 투덜거리는가? 그러면서 회식을 하면 무조
건 2차, 3차는 가야 하는가? 집에 들어가면 회사일과 스트레스 때
문에 가족에게 짜증을 내거나 부부싸움을 하지 않는가? 회사에 오
면 집에서 한 부부싸움 때문에 일에 집중하지 못하거나 부하직원
에게 짜증을 내지 않는가?

아마 대부분의 사람이 위의 질문에 고개를 끄덕일 것이다. 직장
생활에 있어서 일과 개인생활work & life 의 균형은 매우 중요하다.
이 균형을 유지하지 못하면 불행한 삶이 시작되는 것이다. 그런데
일과 개인생활의 균형은 저절로 유지되는 것이 아니다. 부단한 노
력과 지혜로 지켜가야 하는 것이다. 조금만 해이해져도 균형이 깨

지고 급기야 완전히 무너져 직장의 노예로 전락하고 만다.

노예가 되어 일을 잘하고 충성심이 높다고 회사에서 인정이라도 받으면 억울하지나 않을 텐데. 이제는 어느 회사에서도 그런 사람을 좋아하거나 인정해주지 않는다.

약 20년 전, 미국에서 돌아와 다녔던 첫 직장에서 참으로 안타까운 사람을 보았다. IT 관련 컨설팅 부서의 팀장이었는데 책상 옆에 야전침대를 놓고 사무실에서 살다시피 했다. 그렇게 일이 많은 것일까? 제안서 등을 쓰다 보면 며칠 밤을 새우는 일이 다반사지만, 그 사람은 아예 몇 달 동안 주중에는 집에 들어가지 않았다. 주말에 잠깐 들어가 갈아입을 옷을 챙겨 일요일 밤에 다시 나와 일하다 야전침대에서 잠을 잔다고 했다.

나는 그 이야기를 듣고 '설마, 과장된 이야기겠지'라고 생각했다. 하지만 어느 날 아침 일찍 회사에 출근하니 그 팀장이 부스스한 머리로 화장실에서 이를 닦고 있는 것이 아닌가. 그 순간 소문이 사실이라는 것을 알게 되었지만 좀 심한 말로 '미친놈'이라고 생각했다. '얼마나 자기 능력에 자신이 없으면 저러고 있을까?' '얼마나 집에서 가족과 지내는 것이 불편하면 저렇게 살까?' '얼마나 자기 삶을 행복하게 이끌어갈 자신이 없으면 저럴까?' 등 이런저런 생각이 스쳐 지나갔다.

역시나 회사에서도 그에 대한 평판은 최악이었다. 팀장이 저러니 밑의 팀원들은 얼마나 불편하겠는가? 그렇다고 그 팀의 업무 성과가 좋은 것도 아니었다. 성과가 좋지 않아 더 일에 매달렸는지 모르겠다. 팀원들은 오히려 실적을 악화시켜 빨리 팀장을 몰아내려고 했을지도 모를 일이다. 팀장은 회사를 위해 자신의 모든 것을 포기하고 밤새워 일하는데 팀원들은 물론 회사에서 인정을 해주지 않으니 서운했을 것이다.

그러나 결과는 냉정했다. 그는 결국 임원 진급에서 누락되었고 회사를 떠날 수밖에 없었다. 나는 그의 학벌이나 경력 등으로 볼 때 지혜롭게 일과 개인생활의 균형을 유지하며 자신의 시간을 가졌다면 더욱 좋은 성과를 내 임원으로 진급했으리라 확신한다.

멋쟁이 CEO의
별난 근무 철학

위 사례는 매우 극단적인 경우지만 현재 우리는 야전침대만 갖다 놓지 않았을 뿐, 그와 마찬가지의 생활을 하며 푸념하고 있는지도 모른다. 이번에는 반대의 사례를 들어보겠다.

국내 월급쟁이 CEO 중 내가 존경하고 닮고 싶은 사람은 LG생활건강의 차석용 부회장이다. 그는 진정 월급쟁이의 신화로 불릴 만하다. 그가 2005년 LG생활건강을 맡은 이후 회사의 매출과 이익은 12년 동안 1분기도 빼놓지 않고 연속 신장하는 등 비약적인 성장을 기록했다.

미국 P&G 출신인 그는 탁월한 마케팅 감각과 뛰어난 M&A 전략으로 유명하다. 현재 오너가 아닌 임원 중에서는 국내 주식 부자 1위로 알려져 있다. 하지만 무엇보다 내가 그를 존경하는 이유는 그의 일과 개인생활에 대한 명확한 철학과 실천 때문이다.

언론 기사에 의하면 그는 늘 직원들에게 절대로 일을 많이 하지 말라고 강조한다고 한다. 그는 부임하자마자 "회사에 100% 투자하는 사람은 회사를 망치는 사람입니다. 50%는 자기계발에 투자하십시오"라고 말하며 출근시간과 퇴근시간을 정확하게 지킬 것을 당부했다.

회사에 충성하는 것을 본분으로 삼았던 직원들은 적잖은 충격을 받았다고 한다. 본인도 7시 반에 출근해 5시 반이면 무조건 회사를 나갔다. 그러면서 일도 없는데 상사 눈치 보느라 늦게까지 남아있는 사람은 무능한 사람이라고 못을 박았다. 그 누구도 자신의 삶과 가정을 위해 퇴근시간을 지키는 것에 딴지를 걸 수 없게 만든 것이다.

그 중에서도 내가 개인적으로 가장 멋있게 생각하는 일화가 있다. LG생활건강의 어느 임원에게 직접 들은 이야기다. 그는 점심시간이 되면 아무도 못 들어오게 자기 방의 문을 걸어 잠근다고 한다. 다른 회사 CEO들은 외부 손님과 점심 약속을 하거나 다른 임원들과 식사를 하는 것이 보통인데, 그는 간단하게 혼자 식사를 마친 뒤, 본인만의 시간을 갖는다고 한다.

그 시간에 혼자 무엇을 하는지는 잘 모르겠지만 아마 차분하게 자기 자신을 돌아보는 시간을 갖지 않을까 싶다. 그렇기에 어느 CEO들보다 뛰어난 전략을 세우고 탁월한 성과를 내는 것이 아닐까? 직장과 개인생활의 선을 명확히 지키는 그가 참으로 멋있고 존경스럽다.

'어떻게 네가 나한테
이럴 수 있어?'

가끔 소위 막장 드라마라 불리는 연속극을 보고 있노라면 극에 등장하는 어머니들의 공통점을 발견할 수 있다. 나는 그것을 '남탓증후군'이라고 혼자 이름 붙였다. 이는 대부분의 막장 드라마에서 아들이 마음에 들지 않는 여자와 결혼하겠다고 우길 때 어머니들의 반응에서 극명하게 드러난다.

"내가 너를 어떻게 키웠는데, 나한테 이럴 수 있어? 너 하나 잘되라고 모든 걸 포기하고 살았는데." 이때 아들은 참으로 난감한 표정을 지으며 사랑하는 여자의 손을 잡고 유유히 집을 나간다. 그러면 어머니는 주저앉아 오열한다. 너무 비약이 심한 것인지는 모르겠지만 이는 인간관계에서 가장 슬프고 난감한 광경이다.

자기 인생을 포기한 채 오로지 아들에게 보상을 받고자 한 그 어머니의 인생이 얼마나 애처로운가? 또 어머니 때문에 자기 인생을 원하는 대로 살지 못하는 아들의 인생은 얼마나 불쌍한가? 어머니의 왜곡된 사랑 때문에 어머니와 아들 모두 불행해지는 순간이다. 아들이 과연 어머니에게 "엄마, 날 위해 엄마의 인생을 포기해주세요. 나만 바라보면서 사세요. 나중에 제가 보상할게요"라고 말한 적이 있을까?

아들을 위해 자기 인생을 포기한 대부분의 어머니는 자신의 인생을 책임지고 행복하게 만들 자신이 없던 사람이다. 무엇으로 자신을 기쁘게 할지, 자기 자신의 즐거움을 찾을 줄 모르는 사람이다. 그래서 아들에게 혹은 다른 누구에게 헌신하면서 자신의 존재감을 찾으려 했던 것이다. 만약 아들이 잘되지 못하면 자신은 더 큰 불행의 나락으로 빠진다. 그리고 그 자신의 불행을 아들 탓으로 여긴다. 나는 그것을 남탓증후군이라고 부르는 것이다.

행복감을 느껴도 자신의 행복이 아닌 남의 덕이고, 불행도 남의 탓이다. 정말 자신의 인생에 무책임한 사람이다. 어떻게 자기 자신을 그렇게 사랑하지 않을 수 있단 말인가?

막장 드라마 속
어머니를 닮은 직장인들

이러한 남탓증후군은 비단 드라마에 나오는 어머니들의 이야기만은 아니다. 자신의 인생을 아들에게 바치는 어머니의 모습이 회사에 헌신하며 청춘과 가정을 바치는 많은 직장인의 모습과 닮지 않았는가?

개인의 삶과 가정은 없고 24시간 일에 파묻혀 가장 소중한 것을 소홀히 하는 사람들, 여가나 취미생활을 즐길 시간이 없어 그저 일에서 즐거움을 찾는다고 말하는 사람들, 업무로 과도한 스트레스를 받아도 달리 풀 방법을 몰라 그저 퇴근 후 회사 동료와 소주 잔을 기울이며 속으로 삭이고 마는 사람들, 그러다가 승진에서 누락되거나 퇴직이라도 당하면 "내가 이 회사에서 어떻게 일했는데, 내 젊음을 바쳤는데 나를 퇴물 취급해?"라며 울분을 터뜨리는 사람들. 이 또한 드라마에서 많이 보는 불행한 장면 중 하나다.

직장인들도 남탓증후군에 빠져 있다. 자신의 인생을 사랑하지 않고 자신自身에게 자신自信이 없기 때문이다. 그래서 회사에서 보상 받기를 바라는 것이다. 하지만 이런 성향이 강한 사람일수록 조직 내에서 평판이 좋지 않으며 성과 또한 시원치 않다. 즉, 밥값을 제대로 못하는 것이다. 자기 인생을 책임지지 못하는 사람이 일에는 제대로 책임지겠는가?

만약 당신이 남탓증후군의 증후를 갖고 있다면 하루빨리 벗어나야 한다. 일과 개인생활의 균형을 찾아야 한다. LG생활건강의 차석용 회장은 50%의 시간을 자기계발에 할애하라고 했다. 일과 자신을 50대 50으로 생각해야 한다는 말이다.

그러나 말이 쉽지 오늘도 내일도 이어지는 야근의 일상 속에서 무엇을 어떻게 하란 말인가? 이는 부단한 노력과 지혜가 필요한 일이다. 어쩌면 슬그머니 남탓증후군으로 사는 것이 당장의 마음은 편할 수 있다.

당신의 행복 리추얼은
무엇인가?

직장인은 자신만의 행복 리추얼ritual 을 가져야 한다. 리추얼이란 말은 의식이란 뜻으로, 종교의식이나 제사, 국가의례처럼 중요한 의미를 부여하는 일종의 행사나 행동을 의미한다. 어쩌면 자신만의 행사나 행동이 제3자인 남들에게 하찮게 보일 수도 있다. 하지만 당사자에게는 매우 중요한 일이다.

일과 개인생활의 균형을 통해 선을 지켜가기 위해서는 직장과 일 외에 자신에게 매우 중요한 무언가를 행복 리추얼로 정해 놓아야 한다. 그것은 가족과의 약속이 될 수 있고, 자기만의 취미나 여가생활일 수도 있고, 종교일 수도 있다. 무슨 일이 있어도 1년에 한 번은 해외여행을 가거나 주말에는 무조건 등산을 간다는 식의 나와의 약속일 수도 있다. 그리고 이것들을 반드시 지켜야 한다.

만약 행복 리추얼이 없다면 바쁜 일상에 함몰되어 결국 아무것도 못하는 직장의 노예가 된다. 행복 리추얼은 무조건 지켜야 한다. 인생을 책임지고 행복한 삶을 만들기 위해서는 말이다. 놀라운 것은 그런 사람이 직장에서도 밥값을 잘 한다는 것이다.

4장

오늘도 적성 찾아 삼만 리,
직장인들의
고민은 이어진다

무작정 다른 일에 관심을 갖고 기웃거리기보다 나에게 주어진 지금
의 일에 집중하고, 잘 해내기 위해 최선을 다해 준비해야 한다. 그러
면 그 일은 나를 위한, 나에게 잘 맞는 일이 될 것이다.

수많은 직장인이 아침 일찍 일어나 만원버스와 지하철에 몸을 싣고 허둥지둥 출근길에 오르며 고된 하루를 시작한다. 하루 종일 회사에서 시달리다가 집으로 돌아와 잠시 눈을 붙이면 여지없이 알람시계가 울린다. 학교에 다닐 때나 취업을 준비할 때는 직장만 잡으면 그동안의 고생을 보상받고 행복해질 수 있을 줄 알았는데, 출근길이나 퇴근길에 마주치는 직장인들의 모습을 보면 그렇지 못한 듯하다. 모두들 고개를 푹 숙이고 얼굴은 행복한 표정이 아니다.

많은 이가 현재의 직장과 일이 적성에 맞지 않고, 원래 꿈꾸던 일도 아니라고 말한다. 적성에 맞지도 않는 일을 온종일 하고 있는 것이 괴롭고, 적성에 맞는 직장과 일을 만난다면 정말 신나고 행복하게 직장생활을 할 수 있을 것 같다고 말한다. 분명 학창시절에 적성검사도 하고 부모님이나 선생님과 진로에 대한 상담도 했을 것이며, 고민 끝에 대학 전공을 선택하고, 진로를 결정했을 것이다. 그런데 이제 와서 다들 적성에 맞지 않는다고 고민한다.

TV나 인터넷을 통해 접하는 명사들의 강연이나 베스트셀러 반열에 오른 수많은 자기계발서를 보면 더이상 고민하지 말고 과감하게 꿈과 적성을 찾아 떠나라고 말한다. 도전을 통해 성공했다고 외치는 명사들이 당신들도 나처럼 지금 바로 도전하라고 이야기한다. 그들의 이야기를 들으면 힘이 솟는다. 그러고는 '그래, 나도 내 꿈을 찾겠어!'라고 다짐하지만 막상 무엇부터 어떻게 해야 할지 갈피를 못 잡는다. 무엇보다 결정적으로 과연 내가 진정 원하는 것이 무엇이고 나의 적성이 무엇인지 헷갈리기 시작한다. 결국 주저앉게 되고 불편한 마음으로 다시 회사 책상에 앉아 상사가 시키는 일을 한다.

직장인들의 끝없는 고민, '적성'

과연 평범한 직장인 가운데 자신의 꿈이 무엇이고 적성이 무엇인지 명확히 아는 사람이 얼마나 될까? 어린 시절에 막연히 꿈꾸었던 대통령이나 축구선수, 과학자, 의사, 그리고 연예인 같은 꿈을 제외하고 말이다.

솔직히 나도 아직 나의 꿈이 무엇이고, 적성이 무엇인지 잘 모르겠다. 지금 내가 하고 있는 일이 내가 어릴 때부터 꿈꾸던 일이고, 나의 남은 인생의 대부분을 바쳐야 하는 일인지 모르겠다.

한 케이블 채널에서 〈슈퍼스타K〉라는 오디션 프로그램이 한때 온 국민을 매료시킨 적이 있다. 나 역시 그 프로그램을 보면서 많이 웃기도 하고 때론 참가자의 사연에 감동해 울기도 했는데, 방송을 볼 때마다 부러웠던 것은 그 프로그램에 지원한 젊은이들 모두가 가수가 되는 것을 간절하게 꿈꾸고 자신의 모든 것을 걸며 노력하는 것이었다.

물론 헛된 꿈일 수도 있겠지만 나는 무엇인가에 완전히 빠져 지내 본 적이 한 번도 없었기 때문에 그들이 부러웠고 한편으로는 부끄러웠다. 수많은 좌절을 겪은 후 참가자 중 대다수가 결국 가수가 아닌 다른 길을 가게 되겠지만, 그 강렬한 경험은 나중에 평범한 직장생활을 하더라도 큰 도움이 될 것이다.

부모 결정대로 따랐던 진로

업무상 만나는 사람들과 처음 인사하는 자리에서 명함을 전달하면 그 중 많은 이가 의아해하며 질문을 한다.

"전무님은 공학박사이시네요? 공학으로 박사 학위를 받으신 분이 유통업체에서 마케팅을 하세요?"

그럴 때마다 나는 웃으면서 이렇게 말한다. "그러게요. 컴퓨터로 박사 학위를 받았는데, 지금은 제 스마트폰에 앱도 잘 못 깔아요. 하하하…." 이런 질문이 좀 쑥스러워서 명함에 공학박사라는 타이틀을 뺀 적도 있었다.

나는 전형적인 386세대 가정환경에서 자랐다. 우리나라가 한창 고도 성장을 할 시기였고, 가족구성원으로는 부모님과 2남 2녀 형제자매가 있었다. 공대 교수셨던 아버지의 영향과 당시 분위기에 따라 자연스럽게 남자는 이과, 여자는 문과로 이미 고등학교 때 기본적인 진로 방향이 정해졌다.

부모님 말을 잘 듣는 평범한 모범생이었던 나는 별생각없이 아버지가 시키는 대로 이과에 진학했고, 오로지 학력고사 성적을 잘 받는 것만을 목표로 삼았다. 그때는 지금처럼 대학에 선지원을 하는 것이 아니라 학력고사 성적이 발표되면 점수에 맞게 대학과 학과를 선택하는 방식이었다. 학력고사 점수가 서울대에 가기에는 조금 부족해 당시 연세대 공대 중 가장 합격점이 높았던 전자공학과에 진학했다.

전자공학과에 들어가 첫 학기를 보내고 시험을 치렀는데, 전공과 관련된 과목인 수학·화학·물리·전자계산 등에서 모조리 C학점을 받았다. 반면 교양과목인 국어·기독교 개론·사회학 등은 A학점을 받는 웃지 못할 상황이 벌어졌다. 첫 학기는 대학생활을 즐기느라 공부를 안 해서 그런가 보다 하며 넘어갔다. 그런데 그 다음 학기에도 똑같이 수학·화학·물리는 C학점, 경제학과 영어는 A학점을 받았다.

결과를 받아들고 잠시 고민을 하기도 했지만, 당시 음악 동아리와 오케스트라 연주 등 대외 활동에 푹 빠져 있었고, 친구들과 어울리며 노는 것이 너무 즐거워 크게 개의치 않고 대학생활을 이어갔다. 2, 3학년이 되면서 전공과목 공부도 조금씩 하다 보니 적당히 B학점 정도를 유지할 수 있었고, 1학년 때 전공 학점 문제로 고민했다는 사실도 까마득하게 잊어버리게 되었다.

졸업이 가까워지면서 또 다시 고등학교 시절의 모범생 증후군이 발동해 부모님 권유로 미국 유학을 가게 되었다. 아버지는 미국에서 박사 학위를 받고 교수나 연구원이 되기를 원하셨고, 막연히 미국 생활을 동경했던 나도 별생각 없이 부모님의 결정대로 유학을 준비해 군대를 마친 후 텍사스 A&M 주립대학 석사 과정에 들어갔다.

전공을 버리고
경영 컨설턴트로 진로 수정

지금 생각하면 텍사스 A&M 주립대학은 나에게 딱 맞는 대학이었던 것 같다. 최상위 수준은 아니지만 공대 중심의 상위권 대학이었고, 텍사스 사막 같은 시골 구석 한가운데에 5만 명이 넘는 대학생이 다니는 캠퍼스만 달랑 있는 곳이었다. 그야말로 공부 외에는 아무엇도 할 것이 없는 감옥 같은 곳이었다. 만약 내가 로스앤젤레스나 시카고 같은 대도시에 있는 학교로 유학을 갔다면 아마도 박사 학위를 마치지 못했을 것이다.

그곳에서 컴퓨터 엔지니어링을 다루며 주로 신경망회로를 컴퓨터로 시뮬레이션해서 반도체를 만드는 알고리즘 등을 연구했다. 나는 운 좋게도 좋은 지도교수를 만나 비교적 짧은 기간에 박사 학위를 마칠 수 있었다.

그 당시엔 졸업 후 당연히 전자 반도체 연구소 같은 곳의 연구원이 될 줄 알았는데 우연한 기회에 새로운 길을 가게 되었다. 맥킨지 컨설팅이라는 최고의 전략 컨설팅 회사에서 공학박사를 뽑는다는 공고를 우연히 보게 된 것이다. 컨설팅이라는 것이 어떤 일을 하는지는 잘 몰랐지만 연구소에서 연구원으로 사는 것보다 왠지 근사해 보였다.

공학박사를 채용해 1년 정도 속성 MBA 과정도 보내준다고 하길래 뉴욕이나 시카고 같은 멋진 도시에서 살 수 있겠구나 싶어 지원을 했지만 결과는 보기 좋게 낙방이었다. 그런데 이상하게 그 후로 계속 경영 컨설턴트라는 직업에 관심이 갔고, 한국에 들어온 후에는 삼성SDS 컨설팅사업부를 거쳐 프라이스워터하우스쿠퍼스 PricewaterhouseCoopers 라는 글로벌 컨설팅 회사에 들어가 전혀 새로운 경력을 갖게 되었다.

중간에 잠시 세종대학교 컴퓨터 공학과 교수로 임용된 적도 있었는데, 공대 교수가 나에겐 맞지 않는다는 것을 깨닫고 바로 그만

두었다. 그 후로 컨설팅회사에서 주로 기업의 경영 및 IT전략, 프로세스 혁신, CRM 등에 관련된 프로젝트를 수행했다. 그러다가 또다시 우연한 기회에 유통 대기업인 이마트와 인연이 되어 대형마트 유통의 마케팅 부문을 맡게 되었다. 이후로 다양한 유통사에서 전략과 마케팅 임원으로 일하게 되었다. 지금은 내가 박사학위를 무슨 연구와 논문으로 받았는지도 잘 기억이 나지 않을 만큼 컴퓨터나 공학과는 전혀 다른 길을 가고 있다.

적성은 지금 자리에서 만들어 가는 것

부끄럽지만 내 학창시절과 직장 경험을 이야기한 것은 우리 같은 직장인들의 꿈과 적성에 대해 이야기하기 위해서다. 돌아보면 나는 한 번도 무엇이 되고 싶고, 어떤 일을 하고 싶다는 생각을 간절히 해본 적이 없다. 단순히 주변의 상황이나 부모님 영향으로 전공을 택했고, 공부하는 과정에서 나름대로 최선을 다해 박사 학위도 받았다. 하지만 우연한 기회에 컨설팅 회사라는 길을 택하며 오랜 기간 공부했던 전공도 미련없이 버렸다. 힘들게 공부했던 컴퓨터 공학이라는 분야를 쉽게 떠난 것은 공학자나 교수로서의 간절한 꿈이 없었기 때문이리라.

그렇다고 컨설턴트가 나의 꿈이었던 것도 아니다. 단순히 근사해 보이고 마침 길이 보였기 때문에 그 길로 갔을 뿐이다. 컨설턴트로서의 적성도 딱 맞는 편은 아니여서 다니는 동안 고민도 많이 했지만, 부양해야 하는 가족이 있기에 참아가며 고객사에 굽신거리며 살았다.

만약 컨설팅이 적성에 맞았다면 지금쯤 컨설팅 회사에서 한자리 차지하고 있었겠지만 앞에서 언급한대로 나는 철저한 을이 되어야 하는 컨설턴트라는 직업이 그다지 적성에 맞지 않았다. 하지만 당시엔 최선을 다해 뛰었고 그 결과로 지금의 실제적인 비즈니스 경험을 할 수 있는 유통기업의 현업 임원으로서의 기회도 얻을 수 있었다고 생각한다.

물론 대기업에서 전략과 마케팅을 책임지는 임원도 만만치 않다. 매일 매출 실적에 쫓기고, 경쟁사와 차별화된 새로운 영업방식이나 프로모션을 끊임없이 생각해내야 하고, 벌려 놓은 신사업들도 챙겨야 한다. 빛의 속도로 변해가는 경영환경과 모바일 세상에서 혼자서 인터넷을 뒤지거나 서점에서 책을 뒤적거리며 남들보다 뒤처지지 않기 위해 애를 쓰기도 한다.

나는 꿈이나 적성은 이미 정해져 있어 찾아가는 것이 아니라 현재의 상황에서 만들어가는 것이라고 생각한다. 무작정 지금 하고 있는 일이 아닌 다른 무엇인가가 나의 꿈이고 적성이라면 그 다른 무엇인가를 찾았을 때에는 아마도 또다시 다른 꿈과 적성을 찾아 기웃거리게 될 것이다.

적성은 선택과 집중이다. 무작정 다른 일에 관심을 갖고 기웃거리기보다 나에게 주어진 지금의 일에 집중하고 이를 더 잘 해내기 위해 최선을

다해 준비해야 한다. 그러면 그 일은 나를 위한, 나에게 잘 맞는 일이 되는
것이다.

파랑새는
지금 내 옆에 있다

직장인들에게 있어 적성은 내가 무엇을 잘할 수 있느냐가 아니라 내가 무엇을 했을 때 좀더 잘 버틸 수 있느냐의 문제이기도 하다. 어떤 꿈이든, 또 어떤 일이든 늘 어려움이 따르고 괴로움과 스트레스가 동반되기 마련이다. 내가 박사과정을 밟을 때 나름대로 많은 어려움과 스트레스가 있었지만, 그래도 공부를 끝까지 마쳤다는 것은 내 안에 공학도로서의 적성이 있었던 것이고, 마찬가지로 컨설턴트와 마케팅 임원 자리에 있을 때도 수없이 많은 어려움과 위기를 이겨내며 지금껏 버티고 있는 것은 적성에 맞기 때문이다.

물론 하고 싶은 일이 명확하고, 그 간절함에 잠을 못 이룰 정도라면 과감히 그 적성을 따라 떠나는 것이 맞다. 그러나 단순히 현실이 싫어서, 지금의 상황이 견디기 어려워서 적성에 대해 고민하는 것이라면 당장 그 생각을 고쳐야 한다.

그동안 현실도피를 하고 싶은 마음을 숨기고, 적성을 탓했던 후배 직장인들을 많이 만났다. 그들에게 이렇게 이야기해주고 싶다. "어떻게든 버텨낼 수만 있다면 그 일에 적성이 있는 것이다. 그리고 버티어낸다면 너는 그 일에서 반드시 무언가를 이루어 낼 것이다."

명작동화 『파랑새』 속의 치르치르와 미치르가 먼 곳에서 파랑새를 찾기 위해 고생만 하다가 다시 돌아온 초라한 집에서 파랑새를 찾았다는 이야기는 직장인들에게 중요한 메시지를 던진다.

〈슈퍼스타K〉에 지원하는 가수 지망생들처럼 남들과 다른 재능을 갖고 있으며, 명확한 꿈과 적성을 찾은 것이 아니라면 우리는 지금의 직장에서, 지금의 일에서 적성을 찾아야 한다. 집중하고 버티다 보면 지금의 일에서 적성과 즐거움을 찾을 수 있을 것이다. 그리고 새로운 적성을 만들어낼 수도 있다. 그런 사람만이 직장생활에서 밥값을 할 수 있다. 밥값을 하는 직장인과 적성에 맞는 일을 하는 직장인은 결국 같은 말이다.

5장

〈미생〉에서 배우는
직장생활의 성공 법칙

직장에서 나를 괴롭히는 사람이 있다면 그를 불쌍한 미생의 존재로
바라보고 그의 상처를 먼저 헤아리자. 직장이라는 정글의 법칙 중 핵
심은 바로 우리 모두가 미생이라는 것이다.

2014년 직장인들 사이에서 가장 많이 회자되었던 드라마를 꼽으라면 단연 〈미생〉을 말할 수 있을 것이다. 미생은 장그래라는 신입사원이 원인터내셔널이라는 종합상사에 들어가 겪게 되는 일들을 통해 직장생활의 실상을 잘 보여준 수작이다.

직장에서 월급쟁이 생활을 하는 사람이라면 누구나 이 드라마를 보면서 '그래 맞아!' 하며 공감의 눈물을 흘렸을 것이고, 가족들은 '아 우리 남편 혹은 우리 아버지가 저렇게 직장에서 고생을 하는구나'라며 연민의 눈물을 흘렸을 것이다. 한마디로 미생은 직장인들의 마음을 흔든 드라마였다.

사실 드라마 초반에는 너무 과장된 것이 아닌가 싶어 별로 마음에 들지 않았다. 예를 들면 부하직원을 괴롭히는 마 부장이나 얄미운 상사로 등장하는 성 대리 같은 극단적인 캐릭터들, 그리고 너무 일에만 매진하거나 큰소리로 장그래를 다그치는 오 과장의 모습은 다소 비현실적으로 보였다. 그러나 점점 드라마가 진행될수록 나도 자연스럽게 극에 빠져들게 되었다.

이 드라마의 매력은 바로 등장하는 인물 한 명 한 명, 캐릭터의 완성도가 높다는 것에 있다. 그동안 직장생활에 대한 드라마는 많았다. 하지만 대부분 직장은 배경일 뿐, 그 안에서 일어나는 주인공들의 사랑, 권력에 대한 암투, 음모 등의 이야기가 주를 이루었다. 이렇게 직장인 한 명 한 명의 고민과 인생을 담은 드라마는 처음이 아닌가 싶다.

알고 보면
미생의 장그래는 행운아?

드라마 〈미생〉을 보면서 직장생활 20년차였던 내가 느끼고 공감했던 부분을 말해볼까 한다. 극히 개인적인 생각들이다. 물론 나와 생각이 다르다고 욕해도 상관없다.

먼저 장그래에 대한 이야기다. 현재 대한민국에서 고졸 남자 사원이 넥타이와 하얀 와이셔츠를 입고 서울 시내 중심가에 있는 대기업 사무실에서 일한다는 것은 매우 이례적인 일이다. 비록 계약직이라도 말이다. 약 20년 전만 해도 이런 일은 흔했다. 대졸과 고졸의 차별도 많지 않았다. 특히 지금은 서울대를 나와도 들어가기 어렵다는 은행 같은 경우, 과거에는 상고를 나온 고졸자들이 은행장까지 오르기도 했다.

그런 면에서 장그래는 행운아라고 생각한다. 어떤 경로를 통했든 그런 기회를 잡았으니 말이다. 내 생각에 출퇴근하는 지하철에서, 혹은 만원 버스에서 피곤한 몸을 이끌고 스마트폰으로 미생을 본 직장인들 중에 '장그래처럼 계약직이라도 좋으니 대기업에 다녀봤으면' 하는 사람들이 적지 않았을 것이다. 내 말은 장그래가 가장 불쌍한 밑바닥이 아니라는 것이다.

그리고 장그래는 자기만의 주특기를 가지고 있다. 바로 바둑이다. 프로기사를 꿈꾸었던 만큼 아마 원인터내셔널이라는 회사에서, 아니 드라마의 배경이 된 대형 빌딩 안에서 바둑으로는 일등이었을 것이다. 비록 바둑에 모든 것을 걸었던 과거가 좌절의 경험이고 아픈 기억이었지만 말이다. 하지만 반대로 생각해보면 남들보다 엄청난 능력을 가지고 있는 것이다. 앞으로 살면서 바둑이라는 주특기가 어떤 인연과 계기로 직장 인생을 바꿔놓을지 모를 일이다.

반면에 장그래를 제외한 나머지 드라마 속 인물들은 회사일 외에 특별히 남보다 뛰어난 것이 있을까? 나름대로 여러 가지 취미생활을 하고 있겠지만 남보다 뛰어나다는 자부심과 자존감으로 연결시킬 수 있는 것은 별로 없을 것 같다. 반대로 장그래는 나머지 사람들이 대학교에서 강의를 들으며 지식을 쌓는 동안 바둑을 두었

다. 그리고 바둑으로 얻은 지혜로 인생을 바라보는 깊은 통찰력을
지니게 되었다. 이것만으로도 충분히 자부심을 가질 만하다.

그러면서도 대기업 생활을 경험할 수 있는 기회까지 얻었으니
장그래는 참으로 행운아다. 비록 드라마 마지막에 정직원이 되지
못해 회사를 떠나야 했지만 대기업에서의 치열한 경험은 무엇과도
바꿀 수 없는 큰 자본금이 될 것이다.

모범생이라고
탄탄대로는 아니다

두 번째로 논할 인물은 장백기다. 그는 장그래의 입사동기로 초반
에는 장그래를 무시하고 괴롭히는 비호감 캐릭터로 나와 마음에
들지 않았다. 하지만 시간이 지나면서 그가 왜 그렇게 행동하는지
이해하게 되었다. 어쩌면 드라마 속 캐릭터 중에서 가장 가슴이 찡
한 인물일지 모른다.

그는 전형적인 대한민국 모범생이다. 어릴 때부터 부모님은 장백
기에게 공부를 열심히 해서 좋은 대학에 가면 저절로 멋진 인생이
펼쳐진다고 가르쳤다. 조금만 다른 곳을 기웃거리면 나중에 좋은
대학에 가서, 그리고 대학을 나와 대기업에 취직하고 나서 해도 늦
지 않다고 말했다. 한눈 팔지 말고 열심히 공부만 하라고 다그쳤다.

20년 이상 이러한 세뇌교육을 받고 서울대를 나와 남들 부러워

하는 대기업에 입사한 그는 입사 첫날부터 혼란에 빠졌다. 서울대에 들어가기 위해 초등학교 때부터 놀지도, 자지도 못하고 공부만 해서 여기에 들어왔는데 장그래라는 웬 고졸 출신이 똑같이 양복에 넥타이를 매고 있는 것이 아닌가. 얼마나 놀랐을까? 물론 자기와는 다른 계약직이라고는 하지만 엄연히 동기고, 오히려 자기보다 일을 더 잘해 인정받는 것 같다.

게다가 자기의 직속 상사인 강 대리는 중요한 일을 맡기지 않고 허드렛일이나 시킨다. 그리고 그 허드렛일도 제대로 못한다고 핀잔을 준다. '내가 이 따위 일이나 하려고 서울대를 나왔나?' 자괴감에 빠지고 자꾸만 '여기는 아닌가 보다'라는 생각을 하게 된다. 참으로 불쌍해 보인다.

부모님의 말은 다 거짓이었는가? 서울대를 나왔는데 왜 멋진 인생이 펼쳐지지 않는가? 나보다 못한 학벌과 스펙, 심지어 고졸까지도 나보다 잘나가고 오히려 나를 깔보는 것 같다. 나의 20년은 어디서 보상받아야 하는가? 소위 명문대를 나왔다고 자부심을 가지고 있는 직장인들은 장백기를 보면서 많은 공감을 했을 것이다.

나의 직장생활 경험으로 보면 부모님의 말씀 중에 50%는 거짓이다. 공부를 잘해서 명문대를 나오면 사회적으로 성공할 수 있는 확률은 높아진다. 그러나 100% 보장해주는 것은 아니다. 성공했다는 것의 기준은 사람마다 다르고 명확하지 않지만 잘나가고 못 나가고의 확률을 단순하게 50%씩이라고 가정하면 명문대를 나왔다는 것은 단지 3%가량의 확률에 지나지 않는다고 생각한다. 3%의 근거가 무엇이냐고 묻는다면 나도 모른

나중에 장백기는 장그래와 마음을 트면서 자기를 괴롭히던 열등 감에서 회복하게 된다. 그가 장그래에게 열등감을 느낀다는 것이 말이 안 되는 것처럼 보이지만 직장이나 사회에서 열등감이라는 감정은 참으로 오묘해서 상식 밖의 일이 일어나곤 한다. 그래서 하나님은 공평하다는 말이 있는지도 모르겠다.

미생의 오 과장에게
아쉬운 점은?

세 번째 인물은 오 과장이다. 어쩌면 장그래보다 오 과장이 이 드라마에서 더 큰 비중을 차지하는 주인공이라 생각된다. 가장 드라마틱하고 가장 많은 사연을 가지고 있다. 난 개인적으로 오 과장 같은 스타일을 좋아하지 않는다. 내 사견으로 그를 판단하자면 그는 좀 부담스러운 스타일이다. 작은 일에도 소리를 지르고 큰일에도 소리를 지른다. 다혈질이다. 물론 속으로 묵혀야 하는 많은 사연을 가지고 있기에, 또 상처를 숨기고 싶기에 일부러 화를 내는 것처럼 보인다.

내가 보기에 그는 회사 내에서 커뮤니케이션 능력이 그리 높아보이지 않는다. 과거에 전무와 불미스러운 일이 있어 마음의 벽을 쌓았는지 모르겠지만 내가 보기에 전무는 어떻게든 그와의 관계를 회복하기 위해 소통을 시도하고 있다. 하지만 그는 문을 굳게 닫고 열어주지 않는다. 전무가 용서받지 못할 짓을 저질렀다면 그건 당당히 밝히고 싸워야 할 것이다. 그러나 싸우지도 않고 그렇다고 고개를 숙이지도 않는다. 내 사견에 그가 좀더 적극적으로 소통하고 싸웠다면 지금의 어정쩡한 상황은 아니었을 것 같다.

하지만 그는 스스로 벽을 쳐버림으로써 회사 내에서 안타깝게도 외통수가 되고 말았다. 물론 부하직원들에 대한 애정, 일에 대한 열정, 회사에 대한 충성심, 가족에 대한 책임감 등은 전형적인 대한민국의 40대 가장이자 간부 사원의 모습이라 마음을 찡하게 한다. 하지만 그것을 일중독자 수준으로 풀어가는 모습은 참으로 안타깝다.

1980~1990년대 고도 성장기의 직장에서는 일중독자 직원을 좋아했다. 하지만 지금은 그렇지 않다. 오히려 그러한 직원을 부담스러워한다. 모든 것을 억누른 채 일만 하다 보면 언제 어떠한 형태로 스트레스가 폭발해 문제가 될지 모르기 때문이다. 나는 오 과장을 보면서 내 주변의 수많은 직장인을 돌아보게 되었다. 그의 캐릭터에 일정 부분 공감도 하고 멋있다고 생각하지만 결코 그처럼 되고 싶지는 않다.

자신만의
성공 기준을 만들어야

미생의 뜻은 '아직 완전한 집을 못 이뤄 살아있지 못한 자'라는 의미의 바둑 용어라고 한다. 반대말은 완생으로 '완전한 집을 이뤄 살아있는 자'다. 굳이 작가가 작품명을 미생으로 지은 이유는 무엇일까? 우리 직장인들은 다 미생이라는 의미일 것이다.

앞에서 언급한 3명의 캐릭터 외에도 안영이, 김 대리, 한석율이나 기타 다른 캐릭터들도 나름대로 사연과 의미를 가지고 어느 직장에나 있을 법한 드라마를 보여주고 있다. 드라마에 나오는 사람들은 완벽한 인격체라기보다 다들 어디 한 군데씩 모자라거나 아픈 곳이 있다. 젊은 신입사원부터 나이든 부장이나 임원들도 다들 무엇인가 모자라다. 약점이 있고 또한 숨기고 싶은 상처들이 있다.

그러면서 '과연 나는 이 직장에 잘 다니고 있는 것일까?' '이대로 가면 되는 것일까?' '이 정도면 성공했다고 자부해도 좋을까?' '이제라도 다른 길을 찾아야 할까?' 등 매일매일 끊임없이 자신에게 물어본다. 아침에 버스나 지하철 출근길에서 눈을 비비며 부랴부랴 뛰어가는 직장인들은 머릿속에 이런 질문들을 달고 산다.

이 드라마를 보고 나서 2개의 명대사가 머릿속에 남았다. 누가 한 대사인지는 잘 기억나지 않지만 "성공? 성공은 자기가 그 순간에 어떤 의미를 부여하느냐에 달린 문제 아닌가?"라는 말이 나온다. '과연 나는 성공하고 있는가?'에 대한 끊임없는 의구심과 질문에 대한 명쾌한 대답이다.

내가 이 순간의 나의 모습을 성공이라고 정의하면 성공한 것이고, 실패라고 정의하면 실패한 것이다. 끊임없이 남의 시선과 비교를 통해서 성공의 기준을 만든다면, 모든 직장인은 못 견디고 사표를 내게 될지도 모른다.

또 하나의 명대사는 "인생은 끊임없는 반복, 반복에 지치지 않는 자가 결국엔 성취한다"이다. 직장인의 괴로움 중에 또 하나는 지루한 일상 업무의 반복이다. 월요일부터 금요일까지 의미 없는 업무를 반복하는 것처럼 느껴진다. 직급이 올라가면 무엇인가 의미 있고 대단한 일을 할 것 같지만 마찬가지다. 보고서 작성, 회의, 보고, 출장을 반복하다 보면 1년이 그냥 지나간다.

직장생활뿐 아니라 우리의 인생 자체가 그런 것이 아닐까? 가정 생활이라고 특별한 것이 있을까? 반복되는 일상 가운데서 소소한 행복거리를 찾고자 노력하다 보면 세월은 10년, 20년 후딱 지나간다. 이러한 반복적인 생활 가운데 지치지 않고 최선을 다한 사람이 결국엔 성취하는 자라는 대사가 찡하게 다가온다.

직장에서의 하루는
매일매일이 드라마

〈미생〉이라는 드라마와 같이 우리들의 직장에서의 매일매일은 마치 드라마와 같다. 수많은 사람이 얽히고설켜 옥신각신하며 때때로 소소한 즐거움도 있지만, 생각지도 못한 사고와 반전이 벌어지기도 한다. 서로 각자의 사연이 있으며 상처를 숨기고 있다. 바로 우리의 사무실에도 장그래가 있고 오 과장이 있다.

밥값을 하는 직장인이 되려면 이러한 직장의 생리와 법칙을 잘 알아야 한다. 그래야 좌절하지 않고 모든 것을 받아들이고 마음을 비울 수 있다. 그리고 자신만의 성공 기준을 만들고, 지루한 반복을 견뎌낼 수 있다.

직장에서 나를 괴롭히는 사람이 있다면 그를 불쌍한 미생의 존재로 바라보고 그의 상처를 먼저 헤아리자. 드라마에 나오는 모든 캐릭터처럼 말이다. 직장이라는 정글의 법칙 중 핵심은 바로 우리 모두가 미생이라는 것이다. 그것은 이미 수백만 명의 직장인이 드라마 〈미생〉을 통해 웃고 울면서 공감한 것이니 믿어도 좋다.

직장인들에게 있어 적성은 내가 무엇을 잘할 수 있느냐가 아니라
내가 무엇을 했을 때 좀더 잘 버틸 수 있느냐의 문제이기도 하다.
집중하고 버티다 보면 지금의 일에서 적성과 즐거움을 찾을 수 있을 것이다.

자고로 뛰어나고 출세하는 자는 남들과 다른 면이 있는 법이다. 하지만 아무리 잘난 사람들의 이야기를 읽어봐도 원래부터 잘났던 것 같다. 친절한 설명 없이 모두 다 최선을 다했다고 이야기한다. 나는 잘나가는 사람들이 일하고 생각하는 방식과 처세술, 그리고 직장에서 오래가는 방법들을 생각해보았다. 그리고 결국에 찾은 방법은 모든 일에 최선을 다하는 것이다. 그 최선에 윤활유 역할을 해줄 몇 가지 Tip을 알려주려고 한다. 그 Tip은 아주 명확한 것이라서 분명히 머리에 남을 것이다.

3부

뛰어난 직장인은
어떻게 일하는가?

1장

뛰어난 직장인이
일하는 법

나의 일 근육이 어떤지 살펴보고 부지런히 운동을 해서 일 근육을 키워야 한다. 또한 청소력을 점검해 주변을 깨끗이 하고, 정보력을 올리기 위해 주변 사람들과 소통하고 정보원들을 키워야 한다.

직장생활을 하다보면 누구나 일이 넘치고 늘 바쁘다. 일이 없어서 한가하다는 사람은 아마 주변에 한 명도 없을 것이다. 회사나 부서에 따라 정도의 차이는 있겠지만, 대부분의 직장인은 야근이 잦고 때에 따라 주말에도 일을 한다. 일찍 퇴근한다고 해도 집으로 일거리를 싸들고 가기 일쑤다. 그렇다고 모든 직장인이 일에 허덕이며 사는 것은 아니다.

직장인을 2가지 유형으로 나눈다면 '일을 다스리는 사람'과 '일에 치여 허덕이는 사람'으로 구분할 수 있다. 일을 다스린다는 것은 한마디로 일을 잘하는 사람이고 일에 치이는 사람은 일을 못하는 사람이다. 일을 다스리는 사람이든 일에 치이는 사람이든 끊임없이 일이 밀려드는 것은 마찬가지다. 일을 다스리는 사람은 크고 작은 업무들의 우선 순위를 정확히 판단해 효율적으로 처리하고 상사나 동료들의 니즈에 맞게 최적의 결과를 낸다. 많은 일을 하면서도 스트레스를 덜 받고 여유가 있다. 한 가지 일을 단시간 내에 처리해야 할 때는 무서울 정도의 집중력을 발휘해 답을 낸다. 일이 끝나 잠시 한가한 시간이 오면 장기 프로젝트와 관련된 자료를 찾아보기도 하면서 미리 준비를 해놓는다.

반면 일에 치이는 사람은 불평을 입에 달고 살며 늘 안절부절못한다. 상사는 보고서를 급하게 기다리고 있는데 엉뚱하게 다른 일에 매달려 있고, 일의 우선순위는 뒤죽박죽이 되어 주변에 민폐를 끼친다. 한 가지 일이라도 몰두해 빨리 끝내야 하는데 도무지 집중하지 못한다. 일 속도가 느리고 대충 처리하다 보니 보고서는 늘 퇴짜를 맞고 마무리가 되지 않는다. 그 위에 다른 일이 또 쌓여 집중력은 더 떨어진다.

일을 다스리는 사람 vs. 일에 치이는 사람

당신은 어떤 유형의 사람이며 당신 주변 사람들은 어떤 유형인가?

누구도 일에 치여 살고 싶은 사람은 없을 것이다. 신입사원으로 입사해 평사원으로 근무하는 3~4년 동안은 큰 차이가 나타나지 않지만 연차가 쌓여 대리가 되고 과장이 되면 역량의 차이는 커지기 시작한다. 누구나 같이 일하고 싶은 대리가 되고, 자기 부서로 데려오고 싶은 과장으로 포지셔닝 되는 것은 바로 이러한 업무 능력의 차이가 서서히 사람들 눈에 보이기 시작하기 때문이다.

새로운 프로젝트를 추진하거나 조직을 개편하기 위해 팀원들을 선정하고 발굴해야 할 때가 있다. 이때 팀장이나 리더들에게 대리나 과장급 사원들의 평판을 물어보면 사람에 따라 반응은 2가지로 갈린다.

"아, 그 과장은 무조건 우리 팀으로 데려와야 합니다. 그런데 아마 그 팀에서 절대 안 놔줄 걸요" 하는 사람이 있는가 하면 "전무님, 그 대리는 아예 없는 것이 팀에 더 도움이 돼요. 차라리 사원급을 데려와서 처음부터 가르치는 편이 나아요"라는 평을 듣는 사람도 있다.

물론 사람마다의 주관적인 평가일 수 있지만 몇몇 사람들이 일관되게 부정적으로 이야기하는 것을 들으면 그 사람이 측은하게 느껴지기도 한다. 그렇다고 사람들이 당사자 앞에서 직접 말을 하지 않으니 정작 본인은 이러한 상황을 모르고 있을 것이다. 그래도 부정적인 이야기를 몇 번 듣다 보면 나도 모르게 그 사람에 대해 선입견이 생긴다. 반대로 누구나 자기 팀으로 데려가고 싶어 탐내는 과장을 보면 왠지 관심이 가고 '얼마나 유능하길래' 하는 호기심이 발동하면서 같이 일하고 싶은 욕심이 생긴다.

일 근육을
키워라

어떻게 하면 일에 지배 받지 않고 일을 다스리는 사람이 될 수 있을까? 그것은 모든 직장인의 숙제다. 어느 누구도 일에 치이는 사람이 되고 싶지는 않을 것이다. 이 숙제에 대한 답을 단순히 몇 가지로 정리하기는 어렵겠지만 그동안 나의 직장경험을 바탕으로 크게 3가지 핵심 키워드로 정리하고자 한다.

첫 번째는 바로 일 근육이다. 우리가 운동을 잘하려면 어릴 때부터 체력을 기르고 근육을 키워야 힘을 쓸 수 있듯이 일도 마찬가지다. 일 근육을 키워야 일을 잘할 수 있는 체력이 갖춰지고 결과적으로 일을 제대로 할 수 있다. 일 근육이 발달한 사람은 어떤 과제가 주어지고 아무리 많은 일이 몰려도 타고난 일 체력과 근력을 바탕으로 지구력과 순발력까지 발휘하며 일을 잘 다스리고 처리한다. 하지만 일 근육이 발달하지 못한 사람은 조금만 일이 많아지거나 스트레스를 받게 되면 당황하고 우왕좌왕하기만 할 뿐 성과를 내지 못한다.

그렇다면 일 근육은 어떻게 키울 수 있을까? 원리는 단순하다. 우리 몸의 근육과 마찬가지다. 평소에 운동하고 끊임없이 근육을 키우는 것처럼, 열심히 일 근육을 키우기 위한 노력을 하는 것이다. 근육을 키우는 운동은 늘 고통을 수반한다. 걷거나 뛰는 유산소 운동과는 달리 근육 운동은 무거운 바벨을 들어야 하고 몸의 한계를 느낄 때까지 운동기기들을 힘껏 밀어내야 한다. 이를 통해 팔과 다리와 복근에 반복적으로 긴장과 무리를 줌으로써 피곤이 와야 근육 사이사이에 또 다른 근육이 생기면서 근력이 강화되는 것이다.

일도 마찬가지다. 힘든 업무를 집중적으로 처리해 단기간에 답을 내는 경험을 반복해야 한다. 다른 사람의 보고서를 도와주고 보조만 할 것이 아니라 자기가 책임지고 밤을 꼬박 새워 아침에 팀장의 책상 위에 올려놓아본 경험이 있어야 집중력이 올라간다. '젊어서 고생은 사서도 한다'는 속담처럼, 직장생활에서 사원 시절에 어떤 경험을 했느냐가 중요하다.

다른 입사 동기들은 일이 많아 매일 야근하고 고생하면서도 상사에게 혼나기 일쑤인데 자신은 좋은 부서에 배치 받고 성격 좋은 팀장을 만나 적당히 일 배우고 칼퇴근한다고 해서 결코 좋아할 일이 아니다. 그렇게 몇 년 지내게 되면 일 근육이 생길 기회가 없어진다. 그러다 승진해 다른 부서로 배치되어 책임감을 갖고 몰려오는 일을 헤쳐나가야 하는 상황에 닥쳤을 때 길을 잃게 된다. 긴장과 스트레스 속에서 시간에 쫓기며 '고통의 보고서'를 자주 써보지 않았기 때문이다.

젊을 때는 일 근육을 길러야 한다. 일부러 고생하는 부서에 들어가 연일 야근하며 다양한 종류의 일을 처리해나가는 시간을 보내봐야 한다. 성격 나쁜 팀장이나 선배들 밑에서 일하며 스트레스 받아 술도 마셔봐야 하고, 때로는 억울하게 일을 도맡게 되어 주말 내내 혼자 사무실에서 음악을 크게 틀어놓고 일도 해봐야 한다. 그러는 사이 나의 일 근육이 자라고 일 체력이 길러진다.

나는 첫 직장생활을 경영 컨설팅 회사에서 시작하게 된 점을 참으로 감사하게 생각한다. 경영 컨설턴트는 '을 중의 을'이이서 늘 시간에 쫓긴다. 전략 프로젝트의 경우 보통 3개월에서 6개월 내 완료해야 하는데 중간중간 워크숍이나 수많은 중간보고 일정도 소화해야 한다. 클라이언트들은 늘 '내일까지' 완료해달라며 보고서를 채근하고, 밤새워 작성해 발표하면 내용에 오류는 없는지 두 눈을 부릅뜨고 지켜본다.

컨설턴트 초기 시절 내가 다니던 회사에서 포스코 전체의 경영혁신을 주도하는 대형 프로젝트를 진행했다. 거의 2년에 걸쳐 포스코의 업무 프로세스를 다 뜯어고치고 ERP 시스템을 구현하는 것이었다. 프로젝트의 중요도도 매우 높았지만 군대식 문화로 신화를 창조해 온 포스코의 업무 스타일을 직접 겪어보니 과연 세계 최강이었다.

벌써 20년이 지난 일이기 때문에 포스코 문화도 지금은 많이 달라졌겠지만, 당시는 위에서 하라면 무조건 해야 하는 군대 스타일로 프로젝트를 관리했다. 특히 매일 진행된 실무 담당자들과 컨설턴트들과의 업무 미팅은 살인적이었다.

매일 저녁 6시쯤 그날의 업무 성과에 대한 미팅을 했는데 늦은 저녁 8시나 9시까지 '이 부분은 마음에 안 든다' '이것이 말이 되느냐' 하며 실랑이를 벌이다가 어느 정도 의견이 수렴되면 '논의된 내용을 다 수정해서 내일 아침 8시에 다시 회의를 하자'고 말하며 실무자들은 퇴근했다. 그때부터 컨설턴트들의 일은 다시 시작되었다. 따로 저녁 먹으러 나갈 시간도 없어 샌드위치를 배달시켜 먹으며 새벽 1~2시까지 보고서 정리작업을 마쳤다.

잠깐 집에 들어가 4시간 정도 눈을 붙인 뒤 다시 출근해 아침 8시에 회의자료를 준비해 회의를 한다. 정말 집중력과 체력이 없으면 그 살인적인 스케줄을 소화할 수가 없다. 그런 날이 매일 이어지는 생활을 약 3개월 정도 하게 되면 사람이 약간 비정상적으로 변해가는데 그쯤 되면 회사에서 알아서 일을 빼줬다.

힘들었지만 그때의 경험이 일 근육을 집중적으로 키울 수 있었던 기간이었다고 생각한다. *도저히 해낼 수 없을 것 같은 엄청난 양의 일들을 해내고, 우선순위를 정해 그 일에 집중함으로써 짧은 시간 안에 보고서를 완성하고, 늘 시간에 쫓기며 스트레스를 이겨냈던 경험이 그 이후 아무리 과중한 업무를 맡게 되고 여러 가지 일이 한꺼번에 몰려도 결국은 해낼 수 있다는 자신감을 심어줬다.*

버려야 새 에너지로
채울 수 있다

두 번째는 청소력이다. '청소력'이라고 하면 다소 생소하게 들리겠지만 일을 잘 다스리는 사람은 청소도 잘한다. 여기서 말하는 청소란 물리적으로 방을 치우고 책상을 깨끗하게 정돈하는 것만을 의미하는 것이 아니다. 이것은 내 마음과 몸을 둘러싼 주변의 모든 정리를 말끔하게 하고 핵심에 집중해 긍정적인 에너지를 만들어내는 것을 의미한다.

일에 치이는 사람들을 관찰해보면 주변에는 온갖 서류들이 너저분하게 널려 있고 머릿속도 뒤죽박죽되어 있다. 그 중 무엇이 핵심이고 지금 이 순간 무엇에 전념해야 하는지를 잘 모른다. 책상 위에는 현재 작성하는 보고서부터 이전 프로젝트 자료와 보고서에 참고해야 할 자료들로 너저분하다. 컴퓨터 바탕화면이나 웹하드에는 각종 문서들이 디렉토리 정리도 안 된 상태로 저장되어 있어 자료 하나를 찾으려면 이 파일 저 파일을 일일이 열어봐야 한다.

'청소력'이라는 용어는 환경정리 컨설턴트라는 새로운 영역을 창조한 일본의 마스다 미츠히로라는 사람이 동명의 책을 쓰면서 많이 알려지게 되었다. 이후 환경정리 컨설팅은 단순한 청소 서비스가 아닌 기업의 경영 컨설팅의 한 주제로 자리매김하면서 기업 경영자들로부터 호평을 받았다.

경영자의 눈으로 기업을 보면 모든 것이 뒤죽박죽이고 지저분해 보인다. 업무들은 꼬여 있고 프로젝트들은 이전에 진행하다가 흐지부지된 것부터 최근 새롭게 시작해 방향을 못 잡고 있는 것까지 모두 엉망이다. 각 부서의 조직원들은 하나같이 과거에만 매달려 있고 성과도 점점 낮아지고 있다. 경영자 입장에서는 어느 순간 모든 것을 싹 쓸어버리고 깨끗이 청소한 후 새롭게 시작하고 싶을 것이다.

개인도 마찬가지다. 어릴 때부터 꿈꾸던 꿈과 희망이 희미해지고 현실에 부딪혀 마음속에는 많은 상처와 앙금이 남아 있다. 미래에 대한 두려움에 무엇이든 준비해보려고 이것저것 손대지만 결과는 없고 주변엔 많은 것이 쌓여만 있기 마련이다.

직장 업무도 마찬가지다. 때로는 마음을 깨끗이 비우고 하던 일과 주변을 정리해 새롭게 시작할 필요가 있다. 그래야 새로운 일을 위한 에너지를 모을 수 있다. 일에 치이는 사람들이 잘 못하는 것이 이것이다. 무엇을 버리고 무엇을 가져야 할지 구분하지 못한다. 이런 사람들의 집에 가보면 다시는 쓸 일이 없어 보이는 잡동사니들이 방에 잔뜩 있다. 그 잡동사니들로 인해 인생이 더 불편해지고 위축된다. 일을 다스리는 사람은 과감하게 버릴 것을 알고 행동한다. 지금 이 시간에 무엇에 집중할 것인지를 정확히 아는 것이다. 청소력은 직장생활에 있어 매우 중요하다.

사내 정보에
민감해져라

세 번째는 '정보력'이다. 나만의 CIA가 필요하다. 일을 다스리는 사람은 회사가 돌아가는 분위기와 사장님의 관심사항, 팀장님의 심리상태와 고민거리에 민감하다. 즉 회사와 부서가 돌아가는 맥락을 파악하고 있는 것이다. 뿐만 아니라 회사 내 모든 사람에 대해 민감하다. 누가 무엇을 잘하고 어떤 특기와 역량이 있고 무슨 성격인지도 파악하고 있다. 그래서 업무에 필요한 자료나 도움을 줄 수 있는 동료들을 잘 찾아낸다.

상사 입장에서 제일 황당하고 화가 나는 경우는 옆 부서 동료에게 간단히 물어보면 바로 알 수 있는 내용을 제대로 알아보지도 않고, 알 수 없다거나 진행하기 어렵다고 하는 것이다. 부서 내 다른 직원이나 관련 부서 사람에게 한번 물어봤냐고 하면 그때서야 얼굴이 빨개지며 당황한다. 이런 경우는 업무에 대한 의지나 관심이 없는 것은 물론이고 정보력도 없는 것이다. 정보력을 갖추려고 노력도 하지 않는 경우가 많다.

일을 다스리는 사람은 마치 미국의 CIA나 한국의 국정원처럼 일한다. 주변의 많은 사람과 대화하고 필요한 것들을 알아내고 평소에 쓸만한 정보원들을 필요한 곳에 뿌려놓는다. 그래서 필요할 때 언제든지 원하는 것을 얻어낼 줄 안다. 회사가 돌아가는 맥락을 파악하고 읽어내며, 그것을 업무에 반영하고 팀 내에 전파한다. 이런 사람을 부하직원으로 데리고 있는 상사는 얼마나 든든하고 믿음직스럽겠는가?

지금은 정보 전쟁의 시대다. 혼자 방에 틀어 박혀 일하던 시대는 지났다. 정보를 얼마나 아느냐가 업무 성과를 좌우하고 효율을 결정한다. 정보력은 일을 다스리는 사람이 갖춰야 할 매우 중요한 무기인 것이다.

밥값을 하는 직장인에게 '일을 다스린다'는 것은 가장 중요한 덕목이다. 하지만 쉽지는 않다. 잠시만 방심하고 집중하지 않으면 밀려오는 일에 금세 치이게 된다. 직장에서는 항상 복잡한 일들이 우리를 호심탐탐 노리고 있다.

이렇게 이야기하는 나도 요즘 일에 치이고 있는 것 같다. 미팅에 쫓기고 보고에 허덕이다 보면 마음의 여유가 없어진다. 이제 다시 일을 다스리는 직장인의 키워드를 생각해보며 나를 다시 돌아볼 시점인 듯하다.

나의 일 근육이 어떤지 살펴보고 부지런히 운동해 근육을 키워야겠다. 청소력을 점검해 주변을 깨끗이 하고, 정보력을 올리기 위해 주변 사람들과 소통하고 정보원들을 키워야 할 것이다. 내일부터 다시 힘을 내야겠다.

뛰어난 직장인이
생각하는 법

마음을 비우고 현재의 생각을 하얀 스케치북에 손으로 직접 써보고
그려보자. HB 연필로 머릿속 혼란스러운 생각을 솔직하게 써보자.
쓰고 정리하고 또 그리다 보면 몇 가지 키워드가 정리될 것이다.

인류의 역사는 기원전과 기원후로 나뉜다. 기독교적 세계관에서 비롯된 이 구분은 예수님이 이 세상에 오시기 전과 오신 후로 모든 역사가 바뀌었다는 것을 의미한다. 비즈니스 역사에도 기원전과 기원후에 필적할 만한 큰 사건이 있었으니 바로 애플Apple사의 아이폰 출시다.

나는 이 세상의 비즈니스는 아이폰이 나온 후와 나오기 전으로 나뉜다고 본다. 스티브 잡스Steve Jobs의 아이폰으로 모든 비즈니스의 패러다임과 역사가 바뀌었기 때문이다. 모든 사람들이 손안에 PC보다 강력한 컴퓨터를 들고 다니며 실시간으로 모든 정보에 접속할 수 있게 되었고, 다양한 앱과 스마트폰 생태계를 통해 그 전에 없던 수많은 비즈니스 모델이 창조되었다. 그 이전 산업계에 가장 중요한 역량이었던 제조 기반의 기술과 플랫폼은 누구나 쉽게 복사하거나 해외시장에서 아웃소싱 할 수 있는 것들이 되어버렸다.

아이폰의 등장으로 촉발된 스마트폰 생태계에 부응하는 수많은 새로운 회사와 일자리가 창출되었다. 새로운 세계와 고객 니즈에 대처하지 못한 회사들은 망했으며, 많은 사람이 일자리를 잃었다.

사람들이 생각하고 사고하는 방식도 바뀌었다. 모든 것이 실시간으로 공유되면서 정보를 찾기 위해 시간과 노력을 들일 필요도 없어졌다. 대신 모든 것이 개방되고 복사되는 세상에서 다른 사람과 확실히 차별화되는 것, 유일한 것을 생각하고 만들어내지 않으면 뒤처지는 상황이 되었다. 직관을 통해 새로운 것을 고민해야 하는 사고의 필요성도 커졌다.

맥킨지형 인재가
각광받던 시대는 지났다

기원전과 기원후로 비견될 만큼의 큰 충격과 변화에 직면하고 있는 현재, 생존을 위해 기업이 원하는 인재상도 당연히 달라졌다. 기존의 일하는 방식과 생각하는 방식으로는 뒤바뀐 세상에서 회사에 기여할 수 없다. 즉 '밥값을 할 수 없다'는 말이다.

적당히 정해진 비즈니스 법칙에 맞춰 정해진 사업을 하고, 정해진 경쟁사들과 경쟁하던 시대는 지났다. 유사한 사업을 하는 선진국의 성공한 기업들을 벤치마킹해 그대로 따라 하고 제품과 용역을 제공하는 많은 협력사에게 적당히 갑질을 하면서 편하게 사업하던 시절은 종말을 고했다.

이제는 정해진 것이 아무것도 없는 시대다. 모든 것이 정해진 시절에 사업하던 때와는 다르다. 어떻게든 새로운 것을 찾고 만들어 내야 하는 크리에이티브 시대의 직원들은 당연히 생각하는 방식도 달라져야 한다.

그렇다면 지금 시대 경영자들이 가장 선호하고 채용하고 싶어하는 인재상은 무엇일까? 과거에는 미국의 유명한 전략 컨설팅 회사인 맥킨지 컨설턴트의 모습처럼 말쑥하게 양복을 차려 입고 머리와 수염은 단정하게 정돈한 채 논리적이고 이성적인 말투를 구사하며 치밀하고 전략적으로 보이는 인재를 선호했다. 철저한 좌뇌적 인재의 모습이다.

그러나 지금 기업의 회장이나 CEO가 만나고 싶어하는 인재의 모습은 맥킨지와 정반대다. 그 모습을 묘사하면 다음과 같다. 흰 셔츠와 검은 수트 대신 심플한 티셔츠와 청바지를 입고, 캔버스 운동화를 신었다. 면도를 게을리했는지 턱밑에 검은 수염도 보인다. 말도 느릿느릿해서 마치 횡설수설하는 것처럼 보이지만, 어느 순간 딱 한마디로 자신의 생각을 정리해 직설적으로 던지곤 한다. 때로는 비이성적으로 행동하며 감정에 치우치기도 한다. 여기까지 이야기를 들으면, 누구나 머릿속에 떠오르는 유명인사가 있을 것이다. 바로 스티브 잡스의 전형적인 모습이다.

기업가들이 전 세계 비즈니스 역사를 새롭게 창조한 스티브 잡스의 모습을 가장 선호하는 것은 당연하다. 그런데 이런 유형의 사람들만 모여 있는 회사가 미국 샌프란시스코 스탠포드 대학 옆에 있다. 그동안 맥킨지 컨설팅에 쏟아졌던 수많은 기업의 관심과 요청이 이제는 이 회사에 몰리고 있다. 그곳은 바로 아이데오IDEO라는 디자인 컨설팅 회사다. 과거에는 디자인 영역에 국한된 컨설팅과 프로젝트를 진행했다. 하지만 지금은 많은 기업이 아이데오에게 디자인뿐만 아니라 새로운 사업에 대한 전략이나 기획, 회사에 대한 혁신과 변화에 대해 묻는다.

이 회사에는 단순히 외모로만 보면 전혀 전략적이지 않을 것 같은 우뇌형 인간들, 즉 디자인 전공자들이 근무하고 있다. 하지만 전 세계의 많은 기업이 자사의 최고 전략 임원이나 크리에이티브 디렉터 자리에 아이데오 출신의 디자이너와 컨설턴트들을 스카우트하기 위해 경쟁하고 있다.

'논리'보다 '크리에이티브'가
더 절실한 시대

과연 맥킨지와 아이데오형 인재들의 차이는 무엇이며 컨설턴트들의 역량은 어떻게 다른 것인가?

맥킨지 컨설턴트들의 역량은 로지컬 씽킹logical thinking: 논리적 사고에 기반한다. 로지컬 씽킹은 맥킨지의 전설적인 컨설턴트 바바라 민토Barbara Minto가 정립한 이론으로, 복잡한 문제를 단순화하고 분석해서 논리적으로 정리해 해결하는 사고방식이다. '민토 피라미드minto pyramid'를 기반으로 한 로지컬 씽킹은 맥킨지를 넘어 모든 경영 컨설팅 회사들의 바이블이 되었다.

보통 체계적으로 사고하는 것이 습관화되어 있지 않은 사람들은 복잡한 문제에 대한 답을 내야 할 때 횡설수설하게 된다. 문제의 본질이 무엇이고 해결책의 핵심이 무엇인지를 찾아내고 분석하는 것에 익숙지 못해 어설픈 답을 낸다. 답을 냈다고 해도 비논리적이고, 비약이 심하며 누군가 그 답에 대해 공격하고 질문하면 제대로 답변을 하지 못하기 마련이다.

민토 피라미드는 문제를 마치 나무의 가지치기와 같이 피라미드 모양으로 도식화하고 하나하나 푸는 것이다. 이 과정을 통해 문제의 답을 찾으며, 생각해볼 수 있는 모든 가설을 다 표기하고 분석함으로써 누가 문제의 답에 대해 공격하더라도 논리적으로 완벽하게 방어할 수 있는 틀을 만들어 놓는다. 각 논리의 가지에는 하나씩 문제에 대한 답이 가설 형태로 주어지며, 이 가설에 대한 검증은 크게 사실과 벤치마킹으로 이루어진다. 즉 데이터와 사실에 근거한 내용으로 검증하고, 때로는 타 기업이나 기관들의 사례를 통해 검증한다. 하나의 논리적 가지에 대해 이와 같이 답을 정리하다 보면 큰 문제에 대해 결론을 만들어가는 귀납 방식이 적용된다. 그야말로 논리의 흐름을 통해 전략을 검증하고 세워가는 전형적인 분석과 이성적인 영역이다.

이러한 맥킨지의 논리적 컨설팅은 과거 약 20년간 최고의 시절을 구가하며 경영의 구루로서 그야말로 독보적인 위상을 차지했다. 하지만 불행히도 지금 전 세계적인 경영 흐름과 전략 방향은 이러한 이성과 분석, 논리를 통해 풀어갈 수 있는 상황을 한참 지나왔다.

지금과 같은 무한 경쟁과 레드오션의 경영환경에서는 어떻게든 경쟁사보다 차별화되고 새로운 것을 찾아내고 선점해야 고객의 선택을 받을 수 있다. 이성보다는 감성적 접근이 필요하며 유사한 사업을 하는 기업의 베스트 프랙티스보다는 전혀 다른 분야의 기업들을 분석하고, 다양한 사례와 상품, 서비스를 통합하고 융합하는 사고가 절실하다. 한마디로 논리보다는 창의적 사고가 훨씬 절실한 시대가 열렸다는 것이다.

이제 맥킨지식 로지컬 씽킹으로는 고객의 마음을 열고 영감을 심어줄 수 있는 크리에이티브에 대한 답은 절대로 찾아낼 수 없다. 더이상 고전적 경영방식인 벤치마킹에 머물러 있지 말고 스스로 상상해 새로운 것을 만들어내야 하는 시대가 온 것이다.

아이데오가
일하는 방식을 배워라

아이데오 컨설턴트들의 일하고 생각하는 방식을 '디자인 씽킹 design thinking'이라고 부른다. 요즘 기업의 최고경영자들이 주목하고 인재개발의 키워드가 되었지만 아직까지도 디자인 씽킹이란 개념은 생소하다. 지금까지의 방식과 철저하게 다르기 때문이다.

디자인 씽킹은 로지컬 씽킹과 전혀 맥을 달리한다. 이성적 분석과 논리 문제가 아닌 감성과 직관적·창의적 접근으로 답을 찾는다. 기업을 살릴 새로운 무엇인가를 찾고 크리에이티브를 만들기 위해서는 접근방식이 기존과 전혀 달라야 한다는 것이다.

디자인 씽킹의 핵심은 바로 인간, 즉 고객에 대한 관찰과 직관이다. 디자이너들은 새로운 디자인을 의뢰 받으면 가장 먼저 그것을 사용할 사람들을 관찰한다. 사람들이 어떤 상황에서, 어떤 감정으로 그 물건을 사용하는지를 들여다보고, 다른 기업의 물건과 전혀 다른 요소를 가미한다면 사람들은 어떻게 받아들일지 연구한다. 무작정 길거리에 나가서, 혹은 매장을 어슬렁거리면서 사람들을 만나고 관찰하고 이야기도 한다. 때로는 사진을 찍어 사무실 벽에 도배를 하기도 한다. 그리고 전혀 다른 물건이나 서비스를 관찰하면서 그 안에서 모방하고 가져올 것은 없는지 고민한다. 그러다 무엇이든 모방할 것을 찾으면 융합하고 통합한다. 마치 처음부터 자신의 아이디어였던 것처럼 느껴질 만큼 잘근잘근 소화하고, 아무리 작은 것이라도 더 집어넣어 새로운 것을 만들어낸다.

이러한 디자이너들의 행동과 일하는 방식은 기존의 기업 경영자들이 받아들이기 쉽지 않을 것이다. 그 결과가 숫자로 표현되지도 않고 보고서를 제출하는 것도 아니어서 마치 놀고 있는 것처럼 보이기 때문이다.

디자이너들은 자신들의 직관을 믿는다. 자신의 눈으로 보고 느껴지는 대로 그 자리에서 스케치를 하고 형상화한다. 그리고 그것은 바로 실체화가 되어 시제품이나 샘플로 빠르게 만들어진다. 눈으로 확인할 수 있는 구체적인 실체를 갖고 이야기하는 것이 회의실에서 보고서의 숫자만 들여다보며 이야기하는 것보다 훨씬 현실적이고 현명한 결론을 이끌어낼 수 있다.

디자인 씽킹은 관찰 결과에 대해 반드시 과감한 테스트와 프로토타이핑prototyping으로 연결되어야 하며, 반복적인 테스트를 통해 보다 나은 결과를 만들어 간다. 기획자 보고서에 글자로만 언급되는 내용과 디자이너가 직접 만들어 제시하는 프로토타입은 질적으로 다른 것이다.

또 한 가지 디자인 씽킹의 중요한 요소는 스토리텔링이다. 스토리텔링은 사람에 대한 관찰을 통해 얻어진 직관과 영감을 이야기로 풀어가는 것이다. 이 스토리텔링은 상상 이상의 힘이 있어서 비즈니스에 참여하는 모든 사람의 공감을 이끌어낸다. 결론은 논리적이면서 때로는 감성적인 몇 개의 문장으로 정리되지만, 이는 논리를 통한 가설 검증보다 훨씬 강력한 것이어서 사업이나 상품 개발에 대해 공감만 이루어진다면 일은 일사천리로 진행될 수 있다.

이제 사람들은 시장조사나 설문을 통해 도출되는 숫자를 100% 신뢰하지 않는다. 이 복잡한 세상에서 자신들의 마음을 숨기는 것에 익숙한 고객들의 이야기를 계량화한 것은 허수가 있기 때문이다. 하지만 수많은 관찰을 통해 얻은 영감을 진솔한 이야기로 풀어가고, 그 내용을 경영진이 공감하고 인정한다면 이미 새로운 방식의 경영전략이 세워진 것이다.

'노트북' 치우고
'펜'을 들어라

세상이 변하고 기업이 변하면 일하는 사람의 생각과 방식도 달라져야 한다. 모든 사람이 스티브 잡스가 될 수는 없지만, 앞서가고 싶은 사람이라면 최소한 스티브 잡스의 반이라도 따라가려고 노력해야 한다. *지금까지 논리적이고 이성적인 이미지로 회사 내에서 '저 친구는 참 똑똑하고 명석해'라는 평을 받아 왔다면, 이제는 '저 친구는 참 기발한 생각을 많이 하고, 특이해'라는 평을 받을 필요가 있다.*

회사에 1천 명의 직원이 있다면 그 중의 반은 로지컬 씽킹에 익숙한 직원일 것이다. 그리고 나머지 500명은 아마도 아무 생각이 없는 직원들일 가능성이 크다. 이제 CEO들은 20명, 혹은 단 10명이라도 새로운 생각을 하고 회사에 새로운 관점과 바람을 불러 일으킬 사람을 간절히 원하고 있다. 바로 디자인 씽킹을 하는 사람 말이다.

사실 CEO도 직원들에게 정확하게 무엇을 요구하고 원해야 하는지 잘 모른다. 창의적이고 감성적인 생각은 기존 방식처럼 몇 장의 기획서나 보고서로는 설명할 수가 없기 때문이다. 그래서 대신 그 설명을 해달라고, 직원들의 크리에이티브를 깨워달라고 그렇게 아이데오를 여기저기에서 부르는지도 모르겠다.

밥값을 하는 사람은 주변 변화에 민감하다. 지금 바로 서점으로 달려가 디자인 씽킹에 관한 책을 사보자. 그리고 자기가 그동안 해오던 행동이나 생각과 어떻게 다른지 느껴보자. 그래도 잘 모르겠다면 마음을 비우고 현재의 생각을 하얀 스케치북에 손으로 직접 써보고 그려보자. HB 연필로 머릿속 혼란스러운 생각을 솔직하게 써보자. 쓰고 정리하고 또 그리다 보면 자신이 생각하는 몇 가지 키워드가 스케치북에 정리될 것이다. 그러면 이미 당신은 디자인 씽킹을 시작한 것이다.

일단 노트북부터 켜고 윗사람에게 보고할 문서 양식부터 다듬던 기존 방식을 벗어났기 때문이다. 남들과 다르게 밥값하는 사람의 사고방식은 이렇게 사소한 것에서부터 시작한다.

3장

뛰어난 직장인이
처신하는 법

각자가 치명적인 단점들을 갖고 있지만, 동시에 장점 또한 갖고 있으니 이해하고 맞춰 가며 지내야 한다. 이 사실을 인정하고 받아들인다면, 당신은 이미 밥값을 하는 직장인으로서 절반은 성공한 것이다.

직장인들이 회사를 다니면서 겪는 애로사항은 수없이 많다. 그 중에서도 특히 풀기 어렵고 힘든 것이 직장 내 인간관계일 것이다. 과도한 업무강도나 불투명한 비전과 미래, 낮은 연봉 같은 문제들은 대부분 미리 알고 입사하므로 감수하는 경우가 많다. 또 시간이 지나고 상황이 달라지면서 개선되기도 하고, 경력을 쌓아 직장을 옮기면 해결될 수도 있다.

그러나 직장 내 인간관계로 인한 어려움은 어느 직장, 어느 곳에 가더라도 누구나 맞닥뜨리게 되는 문제다. 상사와의 관계, 동료와의 관계, 후배와의 관계, 유관부서와의 관계 혹은 외부 거래처나 관계사와의 관계 등 수많은 사람과 얼굴을 맞대고, 서로 밀고 당기기를 하며 하루를 보내게 된다. 저녁에 회식이라도 하게 되면 상황에 따라 스트레스와 회포를 푸는 좋은 자리가 될 수도 있지만, 얼굴을 마주하기 싫은 사람과 몇 시간이나 술을 마셔야 하는 고역스런 상황을 맞게 된다.

그래서 종종 이러한 인간관계의 벽을 넘지 못하고, 타 부서나 다른 회사로 옮기기도 한다. 하지만 역시 해결책이 되지는 못한다. 항상 이전보다 더 힘든 사람을 만나게 되고 또 다른 복잡한 인간관계의 방정식을 만나게 된다. '구관이 명관'이라는 말처럼 전 직장의 악마 같던 상사가 오히려 그리워지기도 한다.

직장인들이 이러한 부차적인 문제에서 벗어나 고민하고 괴로워하는 일 없이 오로지 일에만 집중해 성과를 올리게 하는 방법은 없을까? 이는 수많은 CEO의 공통된 고민이다. 하지만 역설적이게도 정작 자신이 그 직장 내 고민의 근본 원인이고 정점에 있다는 것을 모르는 경우가 많다.

4가지로 구분되는
인간 유형

이러한 문제의 근본 원인은 사람이 모두 다르기 때문이다. 국적, 연령대, 학벌, 심지어 살아온 환경까지 비슷하더라도 사람의 마음속에 내재된 성격과 기질은 각자의 외모만큼이나 다르다. 남자와 여

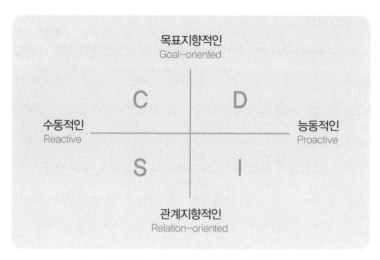

〈도표 1〉 **4가지 행동유형**DISC **분석**

자의 차이에 대해 이야기한 『화성에서 온 남자와 금성에서 온 여자』라는 책이 한때 유행했었다. 당시 이 책 덕분에 연인들의 다툼이 줄고, 이혼 위기를 넘긴 부부들도 꽤 있었을 것이다. 부부는 서로가 서로를 잘 안다고 생각했지만, 완전히 다른 행성에서 온 외계인만큼 몰랐던 사실이 많았던 것이다. 다름을 인정하고 서로 맞춰 간다면 행복하게 살 수 있는 것이고, 다름을 인정하지 못하고 각자가 자기 방식만을 계속 주장한다면, 부부로 살아가는 것은 불가능하다.

비단 남녀뿐만이 아니라 사람의 성향과 기질은 모두 다르다. BC 400년경 활동한 그리스의 유명 철학자이자 의사였던 히포크라테스는 모든 사람을 그 기질에 따라 D-주도형Dominance, I-사교형 Influence, S-안정형Steadiness, C-신중형Conscientiousness 4가지로 나누어 정의했다.

이 4가지 기질은 〈도표 1〉과 같이 크게 두 축의 조합으로 이뤄진다. 한 축은 능동적인Proactive 사람과 수동적인Reactive 사람으로 나뉘고, 또 한 축은 목표지향적인Goal-oriented 사람과 관계지향적인 Relation-oriented 사람으로 나뉜다. 이 2가지 축으로 구성된 매트릭스에 각각의 성향이 조합되면 4가지 성향과 기질이 D-I-S-C로 정의되는 것이다. 즉 '남자는 화성에서 온 사람, 여자는 금성에서 온 사람'이란 비유처럼, 어떤 사람은 D라는 세상에 살고 있고, 어떤 사람은 I라는 세상, 혹은 C라는 세상에 살고 있다고 인식하는 것이다. D-I-S-C 가운데 어느 유형에 속하는 기질의 사람이든 장점과 단점을 가지고 있다.

그러므로 직장에서 인간관계 때문에 힘들 때마다 '저 사람은 나와는 다른 나라에 살고 있구나'라고 생각하는 것이 긍정적인 인간관계를 만들어갈 수 있는 출발점이 된다.

단점만 있는
사람은 없다

D-I-S-C의 유형별 특징을 보면 다음과 같다.

먼저 'D-주도형'은 나서기 좋아하고 일을 밀어붙이는 유형이다. 성과와 목표에 집착해 결과를 만들어내지만, 주변의 사람들을 돌아보는 눈은 좁다. 그래서 주변에서 이런 이야기를 듣는다. "즉시 결과를 만들어낸다. 신속히 결정을 내려준다. 웬만한 일로 포기하지 않는다. 책임 떠맡는 것을 두려워하지 않는다. 도전하고, 매우 열심히 일하는 스타일이고 문제를 회피하지 않고 정면으로 부딪쳐 해결하려고 한다." 이런 이야기만 들으면 그야말로 이상적인 직장인 같다. 멋있고 바람직해 보이며 모두 좋아할 만한 스타일이다.

하지만 다음과 같은 평가를 듣기도 한다. "성격이 조급하고 다른 사람들의 상황에 관심을 갖지 않는다. 자기 확신이 지나치게 커서 융통성이 없고 고집이 세며, 너무 많은 일을 떠 맡아서 부하직원들을 힘들게 만든다. 소소한 사항이나 위험요소를 무시하고, 남들에게 통제, 관리 받는 것을 못 견딘다. 또한 주변 사람들에게 너무 많은 것을 요구하며 힘들게 한다." 단점으로 언급된 것만 보면 누구도 가까이 하고 싶지 않고 피하고 싶은 사람이다.

두 번째 'I-사교형'은 능동적이면서 관계지향적인 성격으로, 주변 사람들과 매우 잘 지낸다. 보통 이런 평가를 듣는다. "낙관적이고, 말을 잘하고 표현력이 좋다. 주변 분위기를 띄우고 회식에서는 사회를 주로 본다. 사람들에게 좋은 인상을 준다. 인간적이고 사람들과 잘 사귀고 겉으로 매우 열정적으로 보인다."

동시에 이런 말도 듣는다. "일의 완성도가 떨어진다. 말을 너무 많이 한다. 충동적으로 행동하고 너무 성급하게 결론을 내버린다. 결과에 너무 낙관적이어서 믿음직스럽지 않다. 매사에 '좋은 게 좋은 거다'라는 식으로 대충 넘어가려고 한다"와 같이 직장생활에 있어 치명적일 수도 있는 평가를 받기도 한다.

세 번째 'S-안정형'은 안정을 추구한다. 믿음직해 보이고 대체로 조용한 편이어서 무슨 생각을 하는지 주변 사람들이 잘 모를 때가 많다. 이런 유형은 다음과 같은 이야기를 듣는다. "매우 협조적이고 사람들의 말에 쉽게 동의해준다. 충성스럽게 일하고 상사를 잘 섬긴다. 꾸준하게 노력하고, 일하는 자세가 진중하며 안정적으로 일한다. 대인관계도 원만하고 말수는 적지만 다른 사람의 말을 잘 들어준다." 안정형 역시 장점만 보면 누구나 좋아할 만한 스타일이다.

하지만 동시에 다음과 같은 말을 들을 수도 있다. "변화를 두려워하고 움직이려 하지 않는다. 지나치게 관대하고 우유부단하다. 갈등을 회피하느라 결론이 나지 않으며 피동적이다. 때문에 정해진 시간에 일이 끝나지 않을 수 있다." 단점을 나열하다 보면 한없이 무기력하고 회사에 있어서는 안 될 사람이다. 특히 요즘처럼 빛의 속도로 경영환경이 변하고 그에 맞게 재빠르게 혁신해야 하는 상황에서 이런 직원은 '계륵'이다. 하지만 쓸만한 장점이 있지 않은가?

마지막으로 'C-신중형'이다. 신중형은 말 그대로 신중한 타입이다. 모든 일에 신중하고 꼼꼼하다. 그래서 믿음직스럽고 신뢰가 가는 스타일이다. 신중형이 주로 듣는 말은 다음과 같다. "상황 정리를 잘하고 일처리가 유능하다. 자신에게 철저하고 정확하다. 매우 분석적이고 일적인 부분에서 기준이 높아 대충 넘어가는 일이 없다. 남들을 논리적으로 설득하는 능력이 뛰어나고 숫자에 강한 편이다." 반면 "지나치게 조심스럽고, 너무 세세한 부분에 얽매이고 집착하느라 진도가 나가지 않는다. 너무 융통성이 없고 남 비판하기를 좋아하고 자발성이 부족하다. 남이 자신에 대해 말하는 것에 대해 너무 예민하게 반응하고 매사에 비관적이다." 다른 유형과 마찬가지로 단점만 언급하다 보면 누구에게도 환영 받지 못할, 같이 하고 싶지 않은 스타일이다.

이처럼 각 유형별로 장점과 단점을 모두 갖고 있다. 따라서 단점을 최대한 줄이고 장점을 늘리는 것이 직장에서의 성공을 좌우하게 된다.

'피플퍼즐'로 나를 알고
상대를 파악해라

지금까지 DISC 이론에 따라 모든 사람을 4가지 유형별로 나눠 장단점을 간단히 설명했다. 공감이 될 수도 있고 되지 않을 수도 있다. 하지만 이는 히포크라테스 이후 2천 년 이상 이어 내려온 것으로, 사람을 이해하는 가장 간단한 방법이자 도구다.

DISC가 담고 있는 철학은 단순하다. 사람은 모두 각기 다른 기질과 성향을 갖고 있으며 자신과 타인이 다르다는 것을 이해하고 그에 맞춰 대인관계를 이어 나가다 보면 자연스럽게 갈등은 줄어들게 된다는 것이다. 그렇게 서로의 장점을 치켜 세워주고 단점을 보완해주면 기업이나 조직 성과도 좋아진다.

이것을 '피플퍼즐people puzzle'이라고 부른다. 어떤 것은 모가 나고 어떤 것은 꾸불꾸불해서 똑같이 생긴 것이 없는 퍼즐들을 하나하나 맞춰 근사한 그림을 완성하듯이 직장 내 인간관계도 마찬가지다.

어느 하나 똑같은 것이 없는 서로 다른 사람들이 조직이라는 이름으로 모여 누군가 움푹 들어간 부분이 있으면 다른 사람의 삐죽한 부분으로 채워주고, 누군가가 길쭉하면 뭉뚝한 누군가가 맞춰주는 것이다.

이 피플퍼즐이라는 것은 원래 기독교 선교단체에서 교회 내 목회자와 신도들 사이에서 발생하는 갈등과 오해 등을 이해하고 효과적으로 사람들을 선교하기 위해 오랫동안 사용해온 방법이다. 그런데 최근에는 기업에서 인간관계를 이해하고 문제를 해결함으로써 기업의 업무 성과를 높이기 위한 수단으로 많이 활용하고 있다.

피플퍼즐은 간단한 설문지 작성을 통해 자신을 이해하는 것에서 시작한다. 누구나 자신을 잘 안다고 생각하지만 막상 객관적인 도구를 통해 자신을 바라보면 미처 몰랐던 자신의 성향을 알게 되기도 한다. 내가 신중형인지, 안정형인지, 사교형인지는 그전에 잘 알지 못한다. 또 주변의 사람들이 나를 어떻게 생각하고 바라보는지 객관적으로 분류를 하다 보면 어떤 경우에는 얼굴이 붉어지기도 한다.

피플퍼즐에서는 먼저 자신을 이해하고, 그 다음에 주변의 사람들이 무슨 유형인지, 어떤 기질의 사람인지를 이해하는 것이 중요하다. 함께 질문지를 작성해 유형을 명확히 알면 좋겠지만, 그것이 어렵다면 관찰을 통해 파악해야 한다. 나는 신중형인데 상대방이 주도형이라면 반드시 갈등과 문제가 발생한다. 둘 다 같은 유형일 경우에는 더 큰 문제가 생기기도 한다.

피플퍼즐에서는 각각의 유형들 간에 어떤 문제가 발생할 가능성이 높은지, 어떻게 갈등을 피하고 해결할 것인지 유형별로 알려준다. 나를 알고 상대를 정확히 파악하면 절대로 지지 않는다는 '지피지기면 백전불패'라는 말처럼 직장생활에서도 '저 사람은 왜 저럴까? 이해가 안 돼' '저 팀장만 없다면 우리 팀은 정말 좋아질 텐데' '왜 나는 가는 팀마다 항상 일이 꼬일까?' '이 회사는 제대로 된 사람이 하나도 없어'와 같은 생각을 한다면 피플퍼즐에 대한 이해가 필요하다. 그러한 고민은 바로 나에게서 비롯된 문제일 수 있기 때문이다.

타인은 나와 다른 나라 사람임을 받아들여라

누구나 자신이 회사에서 밥값을 해내기를 바라고 그럼으로써 제대로 대접 받는 직장생활을 꿈꾼다. 자신의 밥값도 제대로 하지 못하면서 주변을 탓하고 조직생활에 적응을 못한다면 그것만큼 직장인으로서 슬픈 일은 없다. 피플퍼즐, 단순하지만 명쾌한 원리로 나를

다시 살펴보고 사람들과 조화롭게 맞춰간다면 직장에서 인정받을
수 있다.

　기억하자. 옆에 있는 김 대리는 C나라에 사는 신중형 인간이고, 최 팀
장은 D나라에 사는 주도형 인간이며, 나는 I나라에 사는 사교형 인간이라
는 것을. 그러니 모두 다를 수밖에 없고, 각자가 치명적인 단점들을 갖고
있지만, 동시에 장점 또한 갖고 있으니 이해하고 맞춰 가며 지내야 한다는
것을. 이 사실을 인정하고 받아들인다면, 당신은 이미 밥값을 하는 직장인
으로서 절반은 성공한 것이다.

4장

뛰어난 직장인이
공부하는 법

잠깐이라도 짬을 내고, 시간을 내서 무조건 운동을 해야 한다. 그리고 사람을 만나야 한다. 귀찮지만 새로운 사람도 만나야 한다. 그리고 공부도 열심히 해야 한다.

얼마 전 신문을 뒤적이다가 우연히 흥미 있는 기사를 접했다. 취업 사이트 '잡코리아'에서 20~40대 직장인 679명을 대상으로 자기계발에 대해 설문조사를 실시했는데 그 결과에 대한 것이었다.

'현재 자기계발을 위해 무엇인가 하고 있느냐'는 질문에 '하고 있다'고 답한 직장인이 전체 36.7%였고, '현재는 하고 있지 않지만 계획중'이라는 응답이 55.5%로 나타났다. '하지 않는다'는 응답은 7.8%에 불과했다.

자기계발을 하는 이유는 45.7%가 '더 나은 직장으로의 이직을 위해서'이며, 37.7%는 '자기 직무분야에서 전문가가 되기 위해서', 34.3%는 '일을 더 잘하려고', 24.9%는 '재미있어서', 20.3%는 '노후준비를 위해', 마지막으로 15.7%는 '현재 직장에서 승진을 잘하기 위해서'라고 한다. 자기계발 분야를 보면, 영어실력 향상이 46.3%, 직무 자격증이 39%, 전문지식 습득이 33.1%, 취미특기에 대한 것이 26.7%이었다.

자기계발에 대한
변명

설문결과를 보고 생각보다 많은 사람이 어떤 형태로든 자기계발을 하고 있다는 것에 놀랐다. 많은 사람이 이른 아침 출근해 저녁 늦게까지 회사에서 일하면서도 시간을 쪼개 책을 보고 학원을 찾아가고, 밤에 책상에 앉아 공부를 한다는 것이다.

이 기사를 보고 가만히 스스로를 돌아보게 되었다. 이제는 50대의 나이로 접어들어 20년 넘게 직장생활을 하고 있는데, 내가 요즘 자기계발을 위해 무엇을 하고 있나 생각해보니 갑자기 부끄러워졌다. 젊은 직장인들도 이렇게 무언가를 배우려고 열심히 찾아다니며 공부하는데, 오히려 커리어의 후반에 이르러 마지막 스퍼트를 준비해야 하는 시점에 너무 게으른 것은 아닌가 하는 생각이 든 것이다.

물론 나도 나름대로 변명은 있다. '새벽에 일어나 회사에 출근하면 하루 종일 회의에 쫓기며 일하고, 퇴근 후에는 거의 매일 회식이나 약속이 있어 집에는 12시가 다 되어 들어가는데 어떻게 자기계발을 하나? 그것은 불가능하다'라고 합리화하고 자기계발에 게으른 이유를 댈 수가 있다. 나뿐만 아니라 대부분의 직장인도 마찬가지일 것이다. 하지만 그 중의 37.7%라는 많은 사람이 그 틈을 타서 무엇인가 공부를 하고 자기계발을 하고 있다는 것은 정말로 존경할 만하다.

그렇다면 과연 밥값을 해내고, 사회생활에서 성공하고자 하는 직장인들은 무엇을 준비하고, 어떻게 자기계발을 해야 할까? 위에서 이야기한 설문조사 내용은 자기계발을 위해 공부를 하고, 자격증을 취득하는 준비에 대한 것이다. 그러나 직장인들은 이런 공부 외에도 반드시 자신의 미래를 위해 준비하고, 더욱더 치열하게 노력해야 하는 것이 있을 것이다.

밤에 책상 앞에서 공부하는 것이 더이상 익숙하지 않은 50대 직장인의 핑계일 수도 있겠지만, 나름대로 20여년의 직장생활 동안 많은 선후배의 모습을 지켜보며 자기계발에 있어 중요한 것들이 무엇인지 정리가 된 것 같다.

건강관리가
중요하다

자기계발의 첫 번째는 영어실력도, 자격증 취득도 아닌 바로 자신의 건강관리라고 생각한다. 보면 안타까운 사람들이 많다. 키가

170cm 정도인데 몸무게가 80~90kg 이상 나가는 사람들이 많다. 막연히 '아, 그 사람은 원래 좀 뚱뚱한 스타일인가 보다'라고 생각했는데, 우연히 본 그의 사원증 사진을 보고 깜짝 놀라기도 했다. 10년 전 사진 속 그의 모습은 홀쭉하고 날씬했다. '아니 10년 동안 무슨 일이 있었던 거야' 하고 물어보면, 대부분의 사람은 웃으면서 회식에 열심히 참석하고 또 결혼해 살다 보니 이렇게 되었고, 예전엔 허리둘레가 32인치였는데 지금은 38인치라며 멋쩍게 웃는다. 운동은 안 하냐고 물어보면 답은 똑같다. 숨쉬기 운동을 열심히 한다고. 50대인 내 주변 친구들을 보면 몸무게가 80kg이 훌쩍 넘고, 배가 불룩 나와 복부비만이 심하면, 그 중 반 이상이 이미 고혈압이나 당뇨병 약을 먹고 있다.

참으로 안타깝다. 그런 사람을 보면 나는 이런 생각이 든다. "저 사람은 정말 회사 일에 헌신해 열심히 일하느라 자신을 돌보지 못했구나, 회사에 엄청난 충성심을 가지고 있군"이라는 생각이 드는 것이 아니라 "얼마나 게으르고 자기관리를 안 하면 저렇게까지 되었을까?"라는 생각이 드는 것이다. 물론 체질적으로 원래부터 체형이 비만일 수도 있고, 체형과 달리 건강하고 일 잘하는 사람들도 많다.

하지만 직장생활을 하면서 급격히 체중이 늘고 배가 나온 사람들이라면 문제가 있다. 오랜만에 고등학교나 대학시절 동창들을 만나는 일들이 요즘 잦다. 그런 모임에 가서도 젊을 때 아주 날씬하고 잘생기고 샤프했던 친구가 이제는 배 나오고 뚱뚱한 아저씨가 되어 턱 선이 안 보일 정도로 달라진 모습을 보이기도 한다. 그런 친구들일수록 일이 잘 풀려 승승장구하고 있는 경우는 보기 힘들다.

나는 9년 전에 처음 기업 임원이 되었다. 그때 흥분될 정도로 기뻤고, 감사했으며, 앞으로 더 열심히 일해서 반드시 더 크게 성공하리라고 다짐했다. 자연스럽게 외부 임원급 모임에도 자주 나가고 기업의 최고경영자들도 만날 수 있었다. 그분들을 자주 만나다 보니 공통점들을 발견할 수 있었다. 그것은 바로 다들 운동을 목숨 걸고 열심히 하며 비만도 별로 없다는 것이다.

기업을 이끌면서 많은 스트레스를 감당해야 하니 당연히 체력이 뒷받침되어야 하기 때문에 열심히 운동을 하는 것이다. 대부분이 다부진 몸매에 군살 없는 모습이었다. 나도 그때는 표준 몸무게보다 약간 많이 나가는 편이었는데, 그분들을 보면서 나도 운동을 열심히 해서 그분들처럼 체력을 키우고 몸매를 만들어야겠다고 결심을 했다.

임원이 된 이후 초반에는 식사량도 조절하고 운동도 열심히 해서 8kg 가까이 감량했고 지금까지 표준 몸무게인 70kg 정도를 유지하고 있다. 예전보다 몸이 훨씬 가벼워졌을 뿐 아니라 10년 전까지 달고 살았던 허리 통증도 사라졌다. 한 가지 아쉬운 점은 예전 옷들이 맞지 않아서 버려야 했다는 것이다.

가끔 10여 년 전에 만났던 전 직장 상사나 동료, 친구들을 만나면 왠지 기분이 좋다. 물론 살이 빠졌다고 해서 내가 그 최고경영자들처럼 일도 잘하고 성공할 수 있을지는 아무도 모르지만 말이다.

직장인들이 바빠서 운동을 못하고, 회식 때문에 다이어트도 못하고, 스트레스까지 더해져 살이 찌고 몸이 상한다. 이 악순환의 고리를 끊지 않는다면 그것은 길고 긴 직장생활에서 엄청난 마이너스로 작용할 것이다. 직장생활을 떠나 자신의 인생에 있어서도 행복을 빼앗길 확률이 커지는 것이다.

인간관계는 기본이다

두 번째 직장인이 할 수 있는 자기계발은 바로 인간관계의 확장이다. 단순히 수적으로 많은 사람을 알고, 만나고, 모임을 갖는 것도 중요하다. 하지만 만나는 사람들을 진심으로 소중히 여기고, 도움이 필요할 때 도와주고, 지속적으로 관계 네트워크를 확장해가는 노력이 필요하다. 이는 전략적인 자기계발이며, 단순히 사람을 좋아하고 술을 좋아해서 매일 약속을 만들고 친구들을 만나는 것과는 다른 이야기다.

내가 아주 존경하고 좋아하는 형들 가운데 관점 디자이너라는 새로운 용어를 만들고 『관점을 디자인하라』라는 책을 저술한 박용후라는 사람이 있다. 그는 현재 20여 개 기업의 경영 자문을 해주면서 매월 각 회사로부터 월급을 받는 전무후무한 직업을 만들었다. 주변엔 늘 어떻게든 그를 도와주고 싶어하는 사람들로 넘친다.

그 이유는 항상 그가 사람들을 도와주고 있기 때문이다.

그의 책에 아주 재미있는 일화가 나온다. 그도 지금처럼 성공하기 전에는 매우 어려운 시절이 있었다. 교육 관련 사업을 하다가 망해 집에서 놀면서 어머니에게 하루 용돈 3만 원을 받으며 눈칫밥을 먹던 시절이었다. 그 모습을 보는 어머니가 얼마나 속이 상했겠는가? 어느 날 어머니가 그에게 "그동안 그 나이가 되도록 도대체 넌 뭘했니? 벌어놓은 돈도 없고…"라고 나무라셨다. 그때 그는 이렇게 말했다고 한다. "어머니 그동안 저는 사람들을 벌어 놨어요."

'사람들을 벌어놓는다.' 참으로 멋있는 말이다. 그는 그동안 벌어놓은 사람들을 밑천으로 관점 디자이너라는 새로운 직업을 만들어냈다. 주변 사람들은 기다렸다는 듯이 벌떼같이 달려들어 그를 도와주고 같이 성장하기 시작했다.

우리는 모두 친구가 많다. 대인관계가 좋다는 말을 많이 하지만 정말 그 사람들이 내가 벌어 놓은 나의 재산인지에 대해서는 별로 생각을 해본 적이 없을 것이다. 그렇다고 이해득실을 따져가면서 사람을 만나라는 것이 아니다.

우리는 재산에 마음이 간다. 재산은 소중한 것이기 때문이다. 어렵게 고생해서 모은 돈으로 산 아파트 한 채가 우리에게는 목숨 같이 중요한 재산이고 늘 마음에 있듯이, 그렇게 사람도 재산이라고 생각하고 그 관계를 마음에 소중히 두라는 것이다.

그리고 그 사람들을 내가 현재 처한 상황에서, 내 능력 안에서, 그것도 아니면 내가 아는 사람의 또 아는 사람을 통해서라도 도와

줄 방법이 없나를 고민하면서 진정으로 대한다면 그 사람은 나의 벌어 놓은 재산이 된다. 그냥 모임에서 만난, 가끔 만나서 술 마시는 사람이 아닌 것이다. *밥값을 하는 성공한 직장인이라면 시간을 내고 쪼개서라도 사람들을 만나야 한다. 물론 회사에 출근해서 만나는 수많은 직장 내 사람부터 시작이다. 같은 부서의 선후배나 관련 부서로 업무차 만나는 사람들, 더 나아가 거래처의 사람들을 나의 재산으로 만드는 것이 시작이다.*

사람의 관계는
돌고 돈다

어제의 동료였던 사람이 거래처의 갑이 되어 나타나기도 하고, 나를 좋게 보셨던 전 직장의 상사가 나를 좋은 직장이나 자리에 추천해주기도 한다. 꼭 가고 싶었던 회사에 지원해서 거의 성사가 되었는데, 하필이면 사이가 좋지 않았던 동료나 후배가 그 회사에 있어 reference check에서 악담을 해 무산되는 황당한 일이 벌어지기도 한다.

회사 내 사람들이나 업무로 만나는 사람들과의 관계만으로는 부족하다. 세상엔 다양한 사람들이 만나는 모임들이 어마어마하게 많다. 취미 동호회부터, 학교 동문회, 종교단체 모임까지 아마도 사람들은 2~3군데 이상의 모임에 소속되어 정기적인 미팅을 가질 것이다. 임원이 되고 참으로 좋았던 것은 회사에서 유명대학에서 운영하는 최고경영자과정 등을 보내주고 네트워크를 넓히도록 지원도 해주는 것이었다.

거창한 모임이 아니라 2~3명의 친구가 모이더라도, 그 친구들의 친구들이 합류하고, 서로 마음이 통해서 친구가 된다면 금방 10명 이상이 모이는 큰 모임이 되기도 한다. 그 안에서 나의 재산을 키울 수 있다. 우리의 관점을 바꾼다면 말이다.

자기계발의 중요한 요소는 바로 이러한 인간관계 네트워크의 관리와 확장이다. 이것은 자신의 엄청난 시간과 노력을 기울여야 하기에 매우 중요한 자기계발인 것이다.

자기 공부는
필수다

마지막으로 중요한 것이 공부다. 앞의 설문조사에서 나온 내용처럼 대다수의 직장인들이 자기계발을 위해 공부를 열심히 한다. 자기계발을 위한 공부에는 무엇보다도 목표가 중요하다. 공부를 하는 이유가 그냥 주변 사람들이 공부하고 요즘의 트렌드라서 공부를 하는 것이라면 오래가지 못한다.

공부를 해서 반드시 무엇을 이루겠다는 생각이 없다면 그 시간에 가장 중요한 자기계발인 운동을 하고 건강관리를 하든지, 사람들을 만나서 자신의 인적 네트워크를 확대하는 것에 시간과 노력을 투자하는 것이 공부보다 더 중요하다고 생각한다. 하지만 자신이 이루고자 하는 명확한 목표가 있다면 그것은 전혀 다르다. 좀더 좋은 직장으로 이직을 위해 자격증이 필요하다면 당연히 공부를 해야 한다.

승진을 위해 반드시 점수가 필요하다면, 회사에서 자신의 업무를 잘하기 위한 공부라면 공부를 열심히 해야 한다. 직장인들이 공부하는 분야 중에 단연 1등이 영어인데, 영어는 글로벌 시대의 직장인이라면 당연히 해야 하는 공부다. 하지만 영어를 공부하든 자격증을 준비하든 언제까지 무엇을 이룬다는 목표를 명확히 하는 것이 좋다. 그렇지 않다면 괜한 시간 낭비로 끝나는 경우가 많기 때문이다.

나도 예전에 막연하게 이제는 중국의 시대가 오니 중국어를 공부해야 하지 않을까 해서 비싼 돈을 들여 학원까지 등록하고 시작을 했다. 하지만 목표도 없고 절실함이 없다보니 조금만 회사일이 바빠지면 흐지부지 되어 지금은 무엇을 공부했는지 전혀 기억도 나지 않는다.

밥값을 하는 직장인은 항상 자신을 위해 무엇인가를 한다. 가만히 자신을 편한 상태로 두지 않는다. 피곤한 몸을 이끌고 집에 와서 푹신한 소파에 앉아 가족과의 편안한 시간을 가지는 것은 중요하다. 하지만 이 편안한 시간들이 5년, 10년 이어지다 보면 그 상태에 익숙해져서 편한 것만 찾게 된다.

잠깐이라도 짬을 내고, 시간을 내어 무조건 운동을 해야 한다. 그리고 사람을 만나야 한다. 귀찮지만 새로운 사람도 만나야 한다. 공부도 열심히 하고 시간을 내야 한다. *편안한 시간을 불편한 시간으로 만들어 자신을 독려하다 보면 이제는 그 불편함이 익숙해진다. 그 익숙해짐을 유지할 수만 있다면 성공할 확률은 높아진다.*

나도 아직은 성공한 것이 아니니 잘 모른다. 하지만 내가 만나본 성공한 선배들이 술자리에서 이런 이야기를 많이 한다. 그래서 나는 믿는다.

5장

뛰어난 직장인으로
오래가는 법

스스로 '카르페디엠'과 '메멘토모리'를 외치며 자신을 돌아봐야 한다.
이것은 직장에서 오래가는 방법이자 인생이 행복해지는 비결에 있어
2천 년 넘게 이어온 불변의 진리다.

직장인들의 소망은 회사를 오래 다니는 것이다. 특히 요즘처럼 경기가 얼어붙고 소비가 침체된 시기에 멀쩡히 다니던 직장을 박차고 나와 사업을 한다는 것은 만만치 않은 일이다. 신문이나 텔레비전에는 성공한 국내외 벤처 사업가들이 등장해 '여러분도 포기하지 말고 꿈을 향해 나아가라'는 메시지를 던지지만, 평범한 직장인들에게 그것은 먼 나라의 신화처럼 느껴질 뿐이다.

갈수록 고용환경이 불안해지다 보니 많은 젊은이가 자신의 꿈을 펼치고 도전하는 일을 찾기보다 무조건 정년까지 보장되는 공무원이 되거나 공기업들에 들어가겠다고 밤을 새워 시험 공부를 한다. 참으로 안타까운 일이다.

그러나 살인적인 경쟁률을 뚫고 원하던 회사에 입사해도 기쁨은 잠시일 뿐이다. 몇 년 지나지 않아 명예퇴직 등 여러 이유로 정년이 되기 훨씬 전에 자의반 타의반 회사를 그만두게 되는 선배들을 보면서 불안을 느끼고 고민에 빠진다. 이런 넋두리들을 늘어놓다 보면 정말 모든 직장인은 다 희망이 없어 보인다.

성공은
누구의 몫인가?

과연 그럴까? 그 가운데에서도 어떤 이들은 직장에서 인정받고 성과를 내 승진을 거듭한다. 팀장이 되고 임원이 되고, 나중에는 부사장, 사장까지 올라가 훌륭한 경영자가 되기도 한다. 그런 사람들은 과연 나와 무엇이 다른 것일까? 학벌이나 스펙이 뛰어나서일까? 정말로 남들보다 능력이 출중해서 맡는 업무나 프로젝트마다 성공을 거둔 것일까? 아니면 언변이 뛰어나고 대인관계 능력이 훌륭해 상사를 포함한 모든 사람을 자기편으로 만드는 능력이 뛰어난 것일까? 아니면 소위 줄을 잘 타서 운을 따라 승승장구한 것일까?

물론 사람마다 그 이유가 다르고 어쩌면 위에서 언급한 여러 가지 요소들이 다 어우러져 가능했을 것이다.

20여 년 동안 직장생활을 경험해본 것에 비춰보면 최고 자리까지 올라간 사람들은 특별히 어느 한 가지가 출중해서라기보다 균형감 있게 모든 면에서 남들보다 잘했다. 하지만 그런 사람들도 술자리에서 서로 허심탄회하게 이야기를 나누다 보면 모두 다 위기가 있었고, 말 못할 우여곡절이 있었으며, 사표를 낼 상황도 여러 번 있었다고 말한다. 하지만 그 순간들을 잘 견디고 지내왔기에 높은 자리까지 올랐다는 것이다. 능력이나 스펙, 대인관계나 운의 문제가 아니라 바로 자기 자신과의 싸움에서 이긴 것이다.

때로는 자존심이 상하고, 억울하고, 누군가가 밉고, 좌절감을 느끼고, 뒤처진 것처럼 느껴진다. 혹은 그 반대로 교만해지거나 자만감에 빠져 남들을 무시하게 된다. 이렇게 *자신의 중심을 놓칠 수 있었던 상황들을 잘 견디고, 마음을 다잡으면서 속도를 조절하며, 중심을 지켰기에 직장생활을 오래도록 할 수 있었던 것이다.*

그것은 기술이나 방법의 문제라기보다 철학이자, 신념의 문제다. 자신의 철학과 신념을 명확히 세운 사람이 오래가는 법이다. 흔들리지 않기 때문이다. 남산 위의 소나무처럼 바람에 흔들리지 않을 때 그 사람은 그 자리에서 오래가고 뿌리내릴 수 있다.

카르페디엠과
메멘토모리

성공한 직장인들이 마음에 담은 주옥같은 명언들이야 수없이 많겠지만, 직장생활을 오래하고 싶은 직장인에게 딱 맞는다고 생각해

나의 마음에 담고 있는 2가지 단어가 있다. 너무도 유명해 모두 한 번쯤은 들어본 말이겠지만, 밥값을 하는 직장인이 직장에서 오래 갈 수 있는 철학으로 딱 맞다고 본다.

그것은 바로 '카르페디엠carpe diem'과 '메멘토모리memento mori'다. 이 두 단어는 라틴어로 고대 로마시대부터 2천 년 가까운 기간 동안 내려오는 의미 심장한 인생철학이다. 특히 전쟁터 같은 치열한 직장이나 사회에서 오늘도 힘들게 견디고 있는 사람들에게 정말로 필요한 말이다

카르페디엠은 SNS 자기 소개 페이지에 가장 많이 등장하는 명언 중 하나일 것이다. 이 말은 고대 로마 시인 호라티우스Horatius가 쓴 시의 한 구절이다.

그는 공화제를 옹호하는 브루투스 진영에 가담했다가 전쟁에서 패한 뒤 하급관리로 전락해 한적한 곳에서 시를 쓰며 지냈다. 한직으로 지내면서 아마도 마음속 야망을 펼치지 못한 것에 대한 마음을 다잡는 세월을 보내지 않았을까 싶다. 좌절이 있었고 실패한 것에 대해 회한을 품고 인생을 생각하다 보니 '아, 이건 아닌데'라는 생각을 하지 않았을까?

'카르페carpe'는 라틴어로 '뽑다'라는 뜻의 '카르포carpo'의 명령어로 좀더 뜻을 확장하면 '잡다' '사용하다' '이용하다' 등의 뜻으로도 쓰인다. 이 시에서는 '즐기다'라는 뜻으로 사용되었다고 한다. 디엠diem은 '날'을 의미하는 '디에스dies'의 목적격으로 결국 '카르페디엠'이라는 말은 '오늘을 잡아라' '즐겨라'라는 말이다. 카르페

디엠이 나오는 시 구절은 'Carpe diem, quam minimum credula postero'으로, '현재를 즐겨라, 내일이란 말은 최소한만 믿어라'라는 의미다. '미래는 알 수 없는 것'이라는 말을 하고 있는 것이다.

오늘,
현재에 집중하라

우리는 늘 미래에 대한 고민으로 현재와 오늘을 우울하게 산다. 이렇게 말하는 나도 예외는 아니다.

내 미래는 어떻게 될까? 과연 내가 몇 살까지 돈을 벌 수 있을까? 중학생인 내 아들이 대학을 졸업할 때까지는 직장생활을 할 수 있을까? 과연 나는 이 회사에서 인정을 받고 있는가? 아니 인정을 받을 수 있을까? 이 회사를 몇 년이나 더 다닐 수 있을까? 저 팀장은 나를 왜 싫어할까? 등 여러 가지 복잡한 생각들을 하다 보면 오늘이 괴로워진다.

지금 이 순간이 괴롭고 불안한데 성과가 잘 나올 리 없다. 지금의 얼굴이 어두운데 회사의 누구도 나를 좋아해줄 리 없다. 내일은 아무도 모른다. 갑자기 교통사고로 죽게 될 수도 있고, 병에 걸릴 수도 있다. 아니면 뜻하지 않은 누군가가 도움의 손길을 줄 수도 있고, 이상하게 일이 술술 풀릴 수도 있다.

오늘 왠지 직장에서 일이 잘 안 풀리고, 상사와 문제가 생기고,

진행하던 업무나 프로젝트가 무산되고, 회사가 흔들리고, 대인관계가 꼬이는 것은 오늘의 문제다. 나름대로 오늘 최선을 다해 노력을 하고 그래도 잘 안 되면 그것은 안 되는 것이다. 문제가 미래에도 지속되고 그로 인해 앞으로도 나는 계속 안 될 것이라고 지레 생각할 필요가 없다.

많은 직장인이 사표를 던지는 것은 바로 이런 미래에 대한 두려움 때문이 아닐까? 정작 미래에 그런 일이 일어나지 않을 수도 있는데 말이다. 호라티우스가 쓴 시구처럼 내일이라는 존재는 최소한만 믿고 의식하며, 지금 현재를 즐기고 오늘에 최선을 다하면 되는 것이다. 설사 미래에도 일이 계속 풀리지 않는다 하더라도 가장 중요한 현재, 그리고 오늘을 놓치지 않는다면 반은 성공한 것이다.

미래가 불안하니 오늘도 불안하다면 그건 너무 억울한 일이 아닐까 싶다. 최고의 자리에 오른 사람들도 분명히 직장에서 미래가 불안한 순간이 있었을 것이다. 그 순간을 이기지 못하고 포기해 버렸다면 최고의 자리에 오른 오늘은 없었을 것이다.

지금 직장생활에서 의기소침하고 불안을 느끼는 직장인이라면 사표를 생각하며 다른 곳을 기웃거리기보다 영화 〈죽은 시인의 사회〉에서 키팅 선생이 학생들에게 "카르페디엠, 보이스!"라고 외쳤듯이 신에게 카르페디엠을 외치고 미래를 잊자. 그리고 현재를 잡자. 아마도 10년 뒤에 후배들에게 술 한 잔 기울이며 무용담처럼 이 시구를 불러줄 날이 올 것이다.

교만해지면
죽는다

카르페디엠과는 전혀 다른 상황에 있는 자를 위한 것이 메멘토모리이다. '메멘토memento'는 '기억하라'는 뜻이고 '모리mori'는 '죽음'이라는 뜻이다. 즉, 죽음을 기억하라는 뜻이다. 인간은 누구나 죽을 수밖에 없는 유한한 존재이니 그러한 나 자신의 한계를 알라는 뜻이다.

이 말은 고대 로마의 전쟁에서 대승한 장군의 개선식에서 유래되었다. 당시 전 세계를 정복한 로마제국에서 장군들은 영웅이었다. 전쟁에서 대승을 거두고 수많은 전리품과 노예를 거느리고 로마로 돌아온 장군들을 위해 황제는 거대한 개선식을 베풀어줬다. 그날만큼은 장군을 신격화시켜 주고 최고의 영웅으로 받들어주었다.

특이한 것은 개선식에서 장군이 타고 있는 4두 마차에 노예가 같이 동승해서 개선식을 진행하는 내내 장군의 옆에서 '메멘토모리'를 외쳤다고 한다. 즉 죽음을 기억하라는 것이다. '장군 당신도 죽는다. 당신은 지금은 영웅이자 신이지만 결국 죽을 수밖에 없는 유한한 존재다'라는 것을 계속 상기시켜 더이상 교만해지지 않도록 일깨워주는 것이다.

영웅으로 대접하되 교만해져 실수를 범하지 않도록 제도적으로 만들어주는 고대 로마인들의 지혜가 보인다. 승리로 인해 교만해질 수 있는 순간을 엄숙한 겸손의 순간으로 일깨워주는 것이다. 직장생활을 하다보면 회사에서 인정을 받고 생각보다 잘나가가게 되는 경우와 시기가 있다. 본인이 인정받을 수도 있고 주변의 동료가 인정받는 경우도 있다. 이때 정말로 경계해야 하는 것이 자신의 마음이다.

자신이 잘해서 성과가 난다고 생각하고, 직장에서 남들보다 자신이 우월하고 능력있다고 느끼기 시작한다면, 교만한 마음들이 들기 시작한다. 특히 팀장이나 임원으로 처음 승진한 순간은 정말로 처신을 잘 해야 한다. 자리나 지위가 변하면 주변 사람들은 그 사람이 변하나 안 변하나 주목하기 시작한다. 목에 힘이 들어가고 목소리가 커지고 남들에 대한 배려심이 줄어들기 시작하면 사람들은 뒤에서 수군거린다. "사람이 변했다. 저렇게 될 줄은 몰랐다"라고 조금씩 이야기가 나오면서 구설수에 오른다.

본인이 승진하고 잘되는 것을 남들이 도와준 덕분에 된 것으로 여기지 않고, 오로지 자신의 힘으로 자신이 잘나서 그렇게 되었다고 생각하고 행동하는 순간 그 사람은 조직에서 적들이 생기기 시작한다. 이러한 이유로 인해 직장에서 잘나가던 사람들이 하루아침에 문제가 생겨 하차하게 되는 경우가 많다. *기업은 혼자 잘나서 일을 잘하는 리더보다 주변을 챙기고 이끌어 팀원들과 같이 가는 리더를 더 원하기 때문이다.*

그래서 자신이 교만하고 자만하는 마음이 생기지 않는지, 주변의 사람들을 바라보고 생각하고 있는지, 자신도 언젠가는 죽음의 순간, 즉 직장에서 꺾이는 날이 올 수도 있는 한계를 가진 사람이라는 것을 생각해야 한다. 이런 생각을 하게 되면 겸손의 자세를 취하게 되고, 주변의 사람들을 배려하게 되며, 성과의 공을 나누게 되고, 어려운 상황에 있는 사람을 도와주게 된다. 나도 언젠간 그 상황에 처할 수도 있다는 것을 알기 때문이다.

밥값을 하는 직장인은 오래가는 사람이다

자신은 회사에서 뒤처지지 않고 승승장구할 것이라고 생각하는 순간, 그는 절대로 오래갈 수가 없다. 이것은 직장에 국한되는 것이 아니라 인생이라는 긴 여행에서의 절대적인 진리인 것이다.

그러니 오죽하면 고대 로마시대에 웅장하고 성대한 개선식에서 장군의 멋진 수레에 노예가 동승해 옆에서 "죽음을 기억하라"고 초를 치는 소리를 계속하게 했을까? 이것은 2천 년 전의 고대 로마부터 2천 년 후의 지금의 직장생활까지 변하지 않는 불변의 진리다.

로마의 역사를 45년간 연구하고 쓴 『로마인 이야기』라는 역작으로 유명한 시오노 나나미는 로마제국이 500년이 넘도록 오랜 세월 전 세계를 제패할 수 있었던 이유를 바로 메멘토모리 정신에서 찾았다. 천하를 정복하고 지배할 수 있었던 것은 바로 겸손의 정신이라는 것이다. 비록 내가 지금은 더 강하기에 전쟁에서 승리하고 상대를 정복했지만 언제든 자신도 정복당할 수 있는 유한한 존재로 인정했다. 그래서 겸손한 마음으로 정복지의 사람들을 대하고 로마 안으로 융합시키고 함께 조화를 이루며 살고자 했다. 이것이 바로 로마가 오랫동안 강대국이었던 비밀이다. 오래가는 사람은 겸손한 사람이다.

밥값을 하는 직장인은 오래가는 사람이다. 오래가야 직장에서 더 큰 가치를 발휘할 수 있고 성과를 만들 수가 있다. 일반적으로 직장인이 30년 동안 직장생활을 한다고 본다. 30년이란 세월은 길어서 온갖 일이 다 일어난다. 직장에서의 어려움을 겪고 미래가 불안해 고민에 빠지기도 하고, 반대로 잘되고 승승장구하는 시간이 올 때도 있다. 잘될 때마다 자신의 마음을 철학과 신념으로 다잡고 중심을 유지하는 것이 직장에서 오래가는 비결이다.

스스로 '카르페디엠'과 '메멘토모리'를 외치며 자기자신을 돌아봐야 한다. 이것은 직장에서 오래가는 방법이자 인생이 행복해지는 비결에 있어 2천 년 넘게 이어온 불변의 진리다.

직장생활은 기술이나 방법의 문제라기보다 철학이자, 신념의 문제다.
자신의 철학과 신념을 명확히 세운 사람이 오래가는 법이다. 남산 위의 소나무처럼
바람에 흔들리지 않을 때 그 사람은 그 자리에서 오래가고 뿌리내릴 수 있다.

직장인으로서 품격을 지키는 유일한 방법은 누군가 나를 폄하하고 무시해도 흔들리지 않는 것이다. 자신의 능력과 역량을 증명해내고, 자신의 스토리가 담긴 브랜드를 가지고 있으며, 현재의 자리에서 떨어져 나가더라도 그동안 쌓아온 품격으로 커리어를 이어갈 자신감과 용기가 필요하다. 3가지의 성공 법칙을 스스로 만들어낼 수만 있다면 자신의 일을 지킬 수 있다. 하지만 이 3가지는 평범한 직장인에게는 다소 생소할 수 있다. 하지만 3가지의 성공 법칙으로 자신을 무장하지 않으면 안 되는 세상이다. 지금이라도 늦지 않았다. 생각을 바꾸고 성공 법칙을 따라보자.

4부

누구도 말해주지 않았던
직장인 성공 법칙 3가지

1장

성공 법칙 1
Prove Yourself
당신 자신을 증명하라

자신의 역량을 스스로 증명하라Prove yourself. '누가 나를 알아봐줬으면' 하고 바라는 것은 옛날 방식이다. 본인의 능력과 자질은 본인이 스스로 증명해야 하는 시대다.

앞에서 이야기한 것처럼 나는 미국계 경영 컨설팅 회사를 거쳐 국내 유통 대기업에서 근무했다. 두 기업 간에는 많은 차이가 있었다. 미국 회사와 한국 회사라는 점에서 오는 문화적 차이도 있었고, 경영 컨설팅같이 프로젝트 기반으로 움직이는 조직과 일상적 업무를 수행하는 일반 기업 간의 차이도 있었다. 두 조직 모두 장단점이 있었다. 어떤 면에서는 컨설팅 회사가 좋은 점이 있었고, 또 어떤 면에서는 국내 대기업이 좋은 점도 있었다.

그 중 두 조직 간 가장 큰 차이가 느껴진 부분은 바로 인사 평가와 승진 방식이었다. 직장인에게 있어서 승진은 가장 큰 관심사이자 동시에 고민거리다. 또한 가장 큰 보람이면서 가장 큰 좌절을 맛보는 일이기도 하다.

해마다 승진발령이 이뤄지는 연초가 되면 회사 내부에는 퇴사하는 사람이 많아지고 헤드헌팅 회사에는 이력서가 평소의 배 이상 쌓인다고 한다. 회사생활은 즐겁고 보람 있는 순간보다 지치고, 스트레스 받는 순간들이 더 많다. 그래도 몇 년 동안 회사를 위해 열심히 일해 성과와 능력을 인정받고 승진하면, 그동안의 수고와 힘들었던 일들이 눈 녹듯 사라지게 된다. 혹여 남들보다 빠르게 승진이라도 하게 되면 그 성취감은 말로 표현하기 어려울 정도다.

승진해서 직급이 높아지면, 물론 연봉도 오르지만 무엇보다 회사가 나를 인정해준다는 사실이 자존감으로 이어져 행복감을 느끼고, 자연스럽게 회사에 대한 충성심도 커진다.

승진,
직장인의 보람이자 좌절

가끔 선배 임원들과의 술자리에서 직장생활 중 가장 행복했을 때가 언제였냐고 물어보면, 많은 사람이 '처음 과장으로 승진했을 때'라고 이야기한다.

기업마다 차이는 있겠지만, 신입사원으로 입사해 사원, 주임, 대리 등을 거쳐 과장이 되려면 보통 8년에서 10년 정도의 시간이 걸린다. '대리'와 '과장'은 한 단계 차이지만 차원이 다르다. 보통 과장부터 간부라고 부르며, 리더로서 부하직원을 관리하는 역할도 맡게 된다. 사원으로 입사해 지시받는 일만 하다가 누군가에게 일을 지시하고 리드할 수 있다는 것이 큰 의미로 다가오는 것이다. 부하직원이 자신을 '과장님'이라고 칭하며 공손하게 대하고 자신에게 일을 배운다는 것은 처음 느껴보는 기쁨이다.

승진대상을 선정할 때도 과장부터는 훨씬 엄격해진다. 대부분의 기업이 큰 과오나 결격 사유가 없는 한 대리까지는 큰 경쟁을 거치지 않고 무난하게 통과시키는 반면, 과장부터는 자격을 꼼꼼히 따져 승진 누락자가 많아지기 시작한다. 과장 승진에서 누락되지 않는다는 것은 입사 이후 10년 가까이 회사에 충성한 세월에 대한 보상과 인정을 받는 것이고, 앞으로도 잘 풀릴 가능성이 커진다는 것을 의미한다. 물론 과장에서 차장 혹은 부장이 되는 것도 나름대로 의미가 있고, 보람있는 일이지만 과장 승진은 첫 번째 경험이어서 가장 강렬한 기억이 되는 것이다.

반대로 열심히 노력했는데도 승진에서 누락되고, 동료들보다 뒤처지기 시작한다면 직장생활은 지옥이 된다. 물론 요즘엔 워낙 인사적체가 심해 '승진누락이 병가지상사'라는 말도 있다. 그러나 동료들이 모두 승진하고 자신만 누락되는 경험은 인생에 있어 그 어떤 쓰디쓴 커피보다 쓸 것이다. 게다가 승진한 동료가 자신보다 능력이나 성과가 떨어진다고 생각되면 '혹시 승진과정에서 학벌이나 상사와의 친분이 영향을 미친 것은 아닐까' 하는 생각에 밤잠을 못 이루고, 퇴사를 고민하기도 한다.

평사원에서 시작해 최고경영자 위치까지 오른 사람들의 인터뷰 내용들을 읽어 보면 본인들도 승진에 누락되어 사표를 들고 팀장 책상까지 갔다가 다시 접고 돌아왔다는 이야기를 한다. 그 순간들을 참고 버텨 최고경영자 자리까지 오르게 되었다는 것이다.

누구나 다 이런 고비들은 있다. 시간이 많이 흐른 후에는 그런 기억과 아픔이 오히려 추억이 되고 힘이 될 것이다. 그러나 실제 그런 상황에 직면한 그 순간의 갈등과 고민, 그로 인한 고통은 겪어본 적이 없는 사람이라면 상상할 수 없을 것이다.

승진의 룰은
공정하고 합리적인가

그렇다면 과연 회사에서는 정말 공정하고 합리적으로 직원들을 평가하고 승진자를 결정하는가? 어느 회사나 인사부서든 승진 시즌마다 골머리를 앓았을 것이다. 기업 나름대로 공정하고 합리적인 원칙을 세우기 위해 연구도 하고 좋은 사례를 벤치마킹하고 때론 컨설팅까지 받는다. 하지만 인사라는 것이 생각보다 어려운 것이어서 누구나 다 공감하고 인정할 수 있는 것이란 없다. 반드시 누군가는 누락되고 불만을 가질 수밖에 없는 구조이기 때문이다.

임원이나 팀장 입장에서도 적게는 5~6명에서 많게는 100여 명에 이르는 부하직원들을 공정하게 고과 매기고 진급시킨다는 것이 어렵다. 우수 고과나 승진 자리는 한정되어 있고 직원들은 모두 열심히 회사에 충성해 일했는데 누구를 올려주고 누구를 떨어뜨릴 것인가? 참으로 난감하고 복잡한 승진 방정식이다.

그런데 정작 이렇게 어려운 과정을 거쳐 승진이 이루어진 후에 문제가 발생하기도 한다. 과장이나 차장, 즉 중간 간부급으로서 열심히 일하고 인정받은 사람이 팀장으로 승진하면 갑자기 흔들리기 시작한다. 팀장으로서 팀원들을 독려하고 알맞게 일을 배분하고 이를 리드해 성과를 창출하는 것이 아니라 과장으로 일했던 시절처럼 자신의 일에 빠져 부하직원들을 방치하기도 하고, 팀원의 성과를 자기 것으로 포장해 자신의 성과인 것처럼 내세우기도 한다. 또 과도하게 직권을 남용해 직원들을 닦달하고 괴롭히고 필요 이상 화를 내기도 한다.

임원 승진의 경우 이런 부작용이 더 심하다. 모든 직원의 1%만이 임원으로 승진한다고 해서 임원이 되는 것을 '별을 단다'고 표현하기도 한다. 그런데 임원이 된 후에도 팀장 시절의 습성을 벗어나지 못하고 임원으로서 요구되는 리더십과 사업 역량을 발휘하지 못해 1~2년 만에 옷을 벗는 경우가 전체 임원의 30%에 달한다고 한다. 그들도 팀장 시절에는 누구나 인정하는 베테랑이었을 것이다. 하지만 임원의 역할이나 역량은 팀장과 완전히 다르다.

자리가 바뀌면 빨리 적응하고 그에 상응하는 역량을 갖춰야 한다. 하지만 옛날 방식과 자신이 인정받던 습성에서 벗어나지 못해 본인은 물론이고, 부하직원들을 포함한 회사 전체가 힘들어지는 것이다. 오히려 그런 사람들은 본인이나 회사를 위해 승진을 하지 않는 것이 좋았을 것이다.

스스로 증명하고 도전하는
승진 체계

미국 회사와 한국 회사는 직원을 평가하고 승진시키는 시스템이 매우 다르다. 국내 대기업에서 임원으로 재직하는 동안 직원들의 승진과 승진 후의 모습이 달라서 안타까웠던 적이 있다. 그러다 보니 과거에 근무했던 미국계 컨설팅 회사의 평가 및 승진 방식이 자꾸 떠오른다. 두 기업 간의 직원평가와 승진 시스템은 크게 3가지가 다르다.

첫째, 승진을 바라보는 철학이 다르다. 국내 대기업은 본인이 열심히 일하다 직급에 해당하는 연차가 되고, 고과를 잘 받으면 승진 기회가 주어지는 수동적인 방식이다. 미국 회사는 자신 스스로 위의 직급에서 일할 역량과 능력이 있고, 성과를 낼 수 있다고 판단되면 직접 도전하고 지원apply하는 능동적인 방식이다.

대리에서 과장이 되려면 4년을 채워야 심사대상이 된다. 비록 대리 2년차라고 해도 심사에 통과되면 본인이 직접 과장에 지원해 심사를 받을 수 있다. 이렇게 승진은 누가 시켜주는 것이 아니라 본인이 능동적으로 도전하는 것이라는 철학이 있다.

둘째는 현재보다 더 높은 직급으로 승진하기 위해서는 먼저 그 직급에 해당하는 역량과 자질을 갖추고 있어야 한다. 현재 과장의 자리에 맞게 일을 잘하고 인정받는다면 그 사람은 훌륭한 과장이지 그 자체로 훌륭한 부장이 될 수 있다는 것을 의미하지는 않는다. 앞에서 이야기한 것처럼 승진 후 승진한 직급에 제대로 적응하지 못하고 과거에 일하던 수준으로 일하는 경우도 많다. 이러한 경우를 피하기 위해 부장처럼 일할 수 있어야 부장이 되고, 과장처럼 일할 수 있어야 과장이 되도록 시스템화한 것이다.

내가 근무하던 컨설팅 회사의 직급 체계는 일반 기업과 달랐다. 직급을 과장, 차장, 부장으로 구분하는 것이 아니라 '레벨 1'에서 '레벨 6'까지로 나눴는데, 승진하려면 자신이 직접 그것을 증명해야 한다. 예를 들어 현재 자신이 레벨 4이지만, 이미 레벨 5처럼 생각하고 일하고 있으며, 그에 해당하는 역량과 자질이 있다는 점을 증명하고, 이를 인정받아야 비로소 레벨 5로 승진할 수 있다.

최근 우리나라 기업들도 과거의 직급체계에서 벗어나 새로운 체계를 도입하기 시작했다. 내가 근무했던 이마트도 '밴드Band' 체계를 도입해 직급을 '밴드 1'부터 '밴드 6'으로 나누어 관리하고 있다. 경직된 직급 체계를 버리고 유연하고 서구적인 체계로 바꾼 것이다. 하지만 아직까지 대부분의 기업의 승진 체계는 과거 방식에서 많이 바뀌지 않은 것 같다.

마지막 세 번째는 '스스로 증명하라Prove yourself'는 것이다. 앞에서 말한 대로 레벨 4에서 레벨 5가 되려면 자신이 이미 레벨 5의 자질을 갖추고 있음을 스스로 증명해야 한다.

내가 근무하던 회사는 매년 연말이 되면 직원들에게 자신에 대한 평가evaluation 에세이를 작성해 제출하도록 했다. 평가 에세이에는 5가지 항목이 있었다.

첫 번째 항목인 컨설팅 수행능력consulting delivery capability 은 프로젝트를 얼마나 성공적으로 수행하고 정해진 기일 내에 완수함으로써 고객사를 만족시켰는가에 대한 능력을 평가하는 것이다. 두 번째는 전략 리더십strategy leadership으로 자신의 팀과 고객사에게 인정받을 수 있는 프로젝트 수행시 전략적 마인드와 리더십을 발휘했는지에 대한 평가다. 세 번째는 고객사와의 관계client relationship 에 대한 평가이고, 네 번째는 내부 협업력internal collaboration, 즉 리더로서 내부 후배들을 육성하고 다른 나라나 다른 팀의 컨설팅 수주나 수행에 도움을 주었는지에 대한 평가다. 다섯 번째는 개인 기여도personal contribution다. 프로젝트를 통해 재무적으로 회사에 얼마나 기여했는지를 레벨에 따른 빌링률billing rate 수준 및 프로젝트 수행 기간 등으로 평가한다.

각 항목별로는 레벨에 따른 가이드라인이 있다. 즉 레벨 1부터 6까지 각 레벨에서 어느 정도의 성과와 능력을 보여야 한다는 것을 명확히 제시한다. 예를 들면 세 번째 항목인 고객사와의 관계인 경우 레벨 3 정도면 언제든 찾아가고 전화해서 만날 수 있는 고객사의 팀장급 레벨이 10명은 있어야 하고, 레벨 4가 되려면 그런 사람이 임원급으로 10명은 있어야 하며, 레벨 5가 되려면 부사장급

이상 혹은 CEO 급의 고객이 10명 이상은 되어야 한다.

다섯 번째 항목인 내부 협업력도 레벨 3은 회사 내 글로벌 지식 DB에 3개 이상의 컨설팅 사례를 올리고 다른 컨설턴트에게 프로젝트 경험과 성공사례들을 전파해야 한다. 레벨 5급은 최소한 몇 개의 산업군에 있어 글로벌한 전략리더로서 다른 나라들의 프로젝트 수주나 수행에 도움을 주고 반드시 기여를 해야 한다.

이와 같이 레벨에 맞춰 갖춰야 하는 자질이 정해져 있다. 개인 기여도 같은 항목은 컨설팅 회사라는 특수성이 반영된 것이므로 일반 기업에는 적용하기 어렵지만 나머지 항목들은 상황에 따라 일반 기업에도 적용할 수 있는 중요한 내용들이다.

매트릭스 구조, 즉 5개의 항목과 6개의 레벨로 정의되는 평가시트에는 회사에서 요구하는 최소한의 기준이 있다. 본인 역량이 현재의 레벨을 충족함은 물론이고 상위 레벨로 도전하기에 충분하다고 판단되면, 직접 지원하고 그것을 증명하기 위해 아주 구체적이고 실질적인 증거들을 제시해야 한다. 필요하면 고객사 명단이나 전화번호 등을 제시하고, 이를 증명하기 위해 설득력 있는 에세이를 작성해야 한다.

그것을 바탕으로 파트너나 글로벌 평가부서에서 에세이 증거들을 검증하고 평가한다. 지원자가 원하는 레벨로 올라가기 위한 증거가 충분하다고 판단되면 바로 승진이 된다. 굳이 몇 년의 기간이 지나야 한다는 규정 같은 건 없다. 얼마든지 능력이 되면 발탁될 수 있다. 반대로 근무 연한이 오래 되었어도 레벨이 요구하는 자질이 안 된다면 그냥 그 레벨에 계속 머물게 된다. 능력도 안 되는데 무리해서 승진해 본인도 괴롭고 회사도 곤란하게 만드는 일은 없다.

이런 시스템에서는 되든 안 되든 누구나 상위 레벨로 무조건 지원할 것 같지만 실상은 그렇지 않다. *객관적이고 구체적으로 본인의 1년간 성과를 바라보고 회사가 원하는 기준에 합당한가를 본인 스스로 증명하기 위해 증거를 찾다보면 자연스럽게 본인이 무엇이 부족한지 깨닫게 된다. 그리고 승진하기 위해서 자신이 무엇을 더 강화하고 계발해야 하는지도 명확해진다. 설령 올해는 어렵다고 해도 다음 해에 자격이 되기 위해서는 어떻게 일해야 하는지 명확해진다.*

또 조직 내 상사는 지원한 사람에 대해 아직은 승진시기가 아니라고 판단되면 매우 구체적이고 객관적인 피드백을 통해 본인의 부족함을 일깨워주고 무엇을 더 계발해야 하는지 지도를 해줄 수 있다. 이렇게 하면 자연스럽게 승진에 대한 불만도 적어지고 오히려 미래에 대한 비전도 명확해진다. 이것이 바로 자신을 증명하는 방식이다.

자신의 역량을
스스로 증명하라

물론 위에서 설명한 방식은 미국 문화, 그것도 컨설팅 기업이라는 특별한 조직 문화에 적합한 방식이다. 하지만 과거의 경직된 직급

체계를 파괴하고 유연하고 새로운 방식의 조직문화와 승진 체계를 고민하는 기업이라면 참고할 만한 방식이다. '난 대리로서 열심히 일했는데 승진에서 누락된 이유가 뭐야'라며 불만을 갖는 사람은 결코 회사에서 인재로 인정받을 수 없고 밥값도 할 수 없다.

밥값을 하는 직장인이라면 자신이 승진을 해야만 하는 이유를 스스로 증명한다는 생각으로 본인이 무엇을 더 강화하고 계발해야 하는지를 객관적으로 판단해보고 전략적으로 고민해야 한다. 과장이 혹은 부장이 나보다 무엇이 더 나은지, 어떤 역량을 더 갖추고 어떤 자질을 갖고 있는지 살펴보고 본인만의 평가시트를 만들어보자. 그리고 그 증거를 찾아보자. 그러면 훨씬 더 본인을 잘 파악할 수 있고 어느덧 과장, 혹은 부장의 모습으로 성장한 자신을 발견하게 될 것이다.

자신을 증명하라 Prove yourself. '누가 나를 알아봐줬으면' 하고 바라는 것은 옛날 방식이다. 본인의 능력과 자질은 본인이 스스로 증명해야 하는 시대다.

성공 법칙 2
Brand Yourself
당신 자신의 브랜드를 만들어라

밥값을 하는 직원들은 모두 자신만의 브랜드와 스토리가 있는 직원
들이다. 언제든지 자신의 능력과 브랜드로 평생 직업을 지향하는 직
원들이 바로 회사에서 가장 아끼고 챙겨야 하는 인재들이다.

회사에 처음 입사하면 받게 되는 것이 몇 가지 있는데, 그 중 가장 중요한 것이 사원증과 명함이다. 어느 회사, 무슨 부서, 어떤 직책의 '누구'라는 것을 알려주는 이 2가지는 직장인에게 있어 얼굴보다 자신을 잘 설명해주는 정체성일지도 모른다.

　서울의 강남 테헤란로나 여의도처럼 소위 잘나간다는 회사들이 모여있는 곳에 가서 점심시간에 우르르 몰려나오는 직장인들을 보면 대부분이 목에 사원증을 걸고 있다. '난 이런 회사에 다니는 사람'이라는 것을 마치 자랑이라도 하는 듯하다. 식당에서 밥을 먹을 때도 왠지 규모가 크고 월급도 더 많이 주는 회사 직원들이 목소리도 더 큰 것처럼 느껴진다. 초면이라도 같은 회사 사원증을 목에 걸고 있는 사람을 만나면 그 사람이 부장인지, 과장인지 직책부터 슬쩍 확인하는 것이 먼저다. '얼굴이 노안이어서 부장인 줄 알았는데 나중에 알고 보니 대리였다'거나 '동안이어서 직급이 낮은 줄 알았는데 알고 보니 팀장이었다' 하는 식의 우스갯소리들을 회식 자리에 가면 심심치 않게 들을 수 있다.

명함으로
나를 규정하는 직장인

명함은 더 큰 의미를 갖는다. 20~30년 동안 혼신의 힘을 다해 직장생활을 한 뒤 은퇴하게 되었을 때, 사람들이 재정적인 문제와 함께 가장 아쉬워하고 두려워하는 것은 명함이 없어지는 것이라고 한다. 회사에 소속되어 있을 때는 어디를 가든 처음 보는 사람에게 명함 한 장만으로 쉽게 나를 나타낼 수 있었고, 사람들이 깍듯이 인사라도 하면 마치 내가 그 회사 자체인 것처럼 자부심을 느끼고는 했는데 은퇴하면 그것이 어렵기 때문이다.

퇴직하고 아무 곳에도 소속되어 있지 않은 혼자가 되면 나를 설명하는 것이 쉽지 않다. 그렇다고 '전에 어떤 일을 했던 사람'이라고 부연하는 것은 오히려 지금의 나를 초라해 보이게 한다. 동네에 사는 평범한 아무개 아저씨로 돌아가는 것이다.

특히 조직에서 높은 자리에 올라갔던 사람들일수록 명함이 없어지는 것에 대한 두려움이 크다. 어떤 사람들은 임의로 명함을 만들어 갖고 다니기도 한다. 예전에 모임에서 처음 인사하는 자리에서 명함을 받았는데 '주식회사 The SKY'의 대표라고 되어 있었다. 어떤 회사인지 궁금했지만, 직접 물어보는 것은 실례인 것 같아 한참을 망설였다. 결국 궁금함을 참지 못하고 모임이 끝나갈 무렵에 '어떤 사업을 하시느냐'고 조심스럽게 물었다. 그는 환하게 웃으며 '하는 일 없이 놀고 있는데 심심해서 명함 한번 만들어 봤다'고 했다. 약간 당황스러웠지만 공감이 되었다. 머지 않아 나도 더이상 직장을 다닐 수 없는 날이 올 것이다. 그때 나는 무슨 명함을 만들어 볼까 혼자 생각하며 웃기도 했다.

평생 직장 아닌
평생 직업을 가져라

직장인에게 있어 사원증과 명함은 바로 '내가 누구'라는 자신의 브랜드를 말해주는 것이다. 대기업 브랜드를 달고 있는 텔레비전은 실제 써보지 않아도 품질에 대한 신뢰를 갖게 되고, 대기업 직원이라고 하면 '능력이나 성실 면에서 어느 정도 수준은 되겠구나' 하는 막연한 믿음이 생기는 것이 사실이다. 말로 길게 설명하지 않아도 브랜드 하나가 그 사람이 누구인지를 정의해주는 것이다.

누구나 자신의 브랜드는 중요하다. 하지만 위에서 말했듯이 직장인들은 자신의 브랜드를 몸담고 있는 회사에서 찾는다. 물론 회사 브랜드는 매우 중요하지만 한시적이다. 앞으로 평생 직장의 시대는 가고 평생 직업의 시대가 올 텐데, 그런 관점에서 보면 현재 회사의 명함이 나의 전부가 되어서는 곤란하다. 이제는 과연 무엇으로 나의 브랜드를 만들고 어떤 정체성으로 사람들에게 인식되고 인정받을 것인지가 직장인들에게 중요한 화두가 되어야 한다.

'과연 나의 브랜드는 무엇인가?' 이 질문에 대한 답은 '과연 나는 무엇이 되고 싶은가?'에서 출발한다. 직장인들은 '무엇이 되고 싶은가?'라는 질문을 받으면 주저하고 머뭇거린다. 생각해본 적이 없는 것이다. 회사에서 제때 승진해 팀장이 되고, 더 나아가 임원이 되는 것만 목표인 것처럼 보인다. 하지만 그것은 그저 직함일 뿐 자신이 무엇을 하는 사람인지를 말해주는 것은 아니다. 그리고 그것은 유한한 것이라 언젠가 회사를 떠나면 자신의 브랜드와 정체성은 사라지게 된다.

나의 경우도 마찬가지였다. 직장생활 초반에는 딱히 내가 무엇을 잘하는지, 앞으로 무엇을 하고 싶은지 잘 알지 못했다. 하지만 전 직장에서 유통기업의 마케팅 업무를 맡으며 내가 무엇을 잘하는지, 또 무엇이 되고 싶은지 알게 되었다.

지금 나의 브랜드 목표는 명확하다. 대한민국 최고의 마케터가 되는 것이다. 그렇게 인정받고 싶고, 그렇게 불리고 싶다. 물론 마케팅에도 여러 분야가 있지만, 나는 오프라인과 온라인 유통을 아우르는 O2O online to offline 관점의 통합 마케팅 분야에서 국내 최고의 경험과 역량을 가진 마케터가 되고 싶다. 감사하게도 나는 국내 1등 대형마트에서 오랜 기간 마케팅을 총괄했고, 국내 1등 홈쇼핑사에서도 마케팅을 맡았었다. 다시 굴지의 대형마트에서 전략과 마케팅을 총괄하며 온·오프 마케팅을 모두 진하게 경험해보았다. 이러한 경력이 나의 목표에 한 발짝 더 가까이 다가갈 수 있는 토대를 마련해줬다.

최근에는 꿈이 하나 더 생겼는데 국내 최고의 비즈니스 디자이너가 되는 것이다. 디자이너들이 생각하고 세상을 보는 관점으로 비즈니스를 이해하고 제품과 서비스를 디자인함으로써 고객들에게 최고의 가치를 제공하는 것이 바로 비즈니스 디자이너다. 실제 디자인을 전공했는지 여부와는 상관없다. 사람들은 비즈니스를 기획한다고 표현하지, 디자인한다고 말하지는 않는다. 하지만 앞으로의 미래는 디자인하는 기업과 사람만이 살아남는다는 것을 요즘 많은 기업의 사례들이 말해주고 있다.

요즘 기업들이 벤치마킹하는 회사 가운데 일본 '츠타야Tsutaya'라는 서점을 운영하는 '컬처 컨비니언스 클럽Culture Convenience Club'이라는 회사가 있다. 이 회사의 마스다 무네아키 사장은 모두가 사양사업이라고 외면했던 서점사업을 새로운 관점으로 재해석하고 디자인해 최고의 라이프스타일 공간으로 만들었다. 그는 『지적 자본론』이라는 책에서 앞으로는 디자인하는 기업만이 살아남는다고 공언했다.

나는 빛의 속도로 변하는 지금의 이 무서운 비즈니스 환경에서 국내 최고의 마케터와 비즈니스 디자이너로 나를 브랜딩하고 아이덴티티를 만들고 싶다. 그리고 그 꿈을 위해 최선을 다해 회사 업무를 수행하면서 사례들을 배우고 경험을 쌓으며 공부하고 있다.

어떤 부서에서 어떤 업무를 하든 그 분야의 최고 전문가가 되는 것이 곧 자신의 브랜드를 만드는 길이다. 재무 부서에 있는 사람이라면 최고의 재무 전문가, 영업 부서에 있는 사람이라면 최고의 영업 전문가가 될 수 있다. 그렇게 자기 자신이 목표를 설정하고 만들면 된다.

처음부터 모두에게 인정받을 수 없다. 5년이든 10년이든 명확한 목표를 세우고 그것에 맞게 자신을 만들어 가야 한다. 물론 회사에 다니다 보면 때로는 보직이 옮겨지기도 하고 순환근무도 하게 되지만, 어느 자리에 있든 자신의 목표를 세웠다면 그것은 전문가가 되기 위한 또 다른 기회가 될 수 있다. 다른 부서 관점에서 볼 때, 그 분야의 전문가가 되기 위해서는 어떻게 일해야 하는지를 고민해볼 수 있기 때문이다.

재무 전문가라고 해서 반드시 재무 부서에서 일하는 것은 아닐 것이다. 흔치 않은 경우겠지만, 재무 업무를 하다가 마케팅 부서로 발령이 났다면 마케팅을 잘 지원하고 성과를 높여주기 위해 재무 부서에서는 무슨 일을 해야 하고, 어떻게 프로세스를 만들어야 하는지에 대해 고민해보는 것이 최고의 재무 전문가가 되기 위해 꼭 필요한 일이다. 그러다 보면 다시 재무 부서에서 제 기량을 발휘할 때가 올 것이다.

퍼스널 브랜딩을 위한
4단계

자신의 브랜드를 만들어 지금 회사 내에서 인정받고, 나아가 평생 직업의 관점에서 자신을 만들기 위한 퍼스널 브랜딩 단계는 크게 4가지로 이루어진다.

첫 번째는 내가 무엇이 되고 싶은지를 설정하고 확립하는 브랜드 정의의 과정이다. 그것은 나처럼 회사에서 본연의 업무를 열심히 하다 보면 찾아질 수도 있고, 전혀 색다른 자신의 취미나 관심사에서 찾을 수도 있다. '오페라를 읽어주는 의사'일 수도 있고 '세계 명화를 설명해주는 영업맨'일 수도 있다. 자신의 직업과 위치에서 최선을 다하면서 남과 차별화되는 무언가를 만들어 간다면 분명 그는 자신의 직업에서 더 인정받게 되는 것과 동시에 인생을 훨씬 풍부하게 살게 되는 행복을 느낄 것이다.

두 번째는 브랜드의 구축이다. 자신의 브랜드 방향이 정해지면 그 브랜드에 맞는 자신만의 콘텐츠들을 쌓아가야 한다. 브랜드는 스토리가 있어야 하고 사람들에게 보여줄 수 있는 무언가가 있어야 한다. 자신의 업무 분야에서 최고 전문가가 되기로 했다면, 최고가 되기 위한 공부를 해야 하고, 그 공부의 결과를 사람들에게 이야기해줄 수 있는 콘텐츠를 쌓아야 한다. 자신만의 콘텐츠가 없다면 공허하다.

내가 좋아하는 선배 중 한 분이 자신을 '1조 원의 사나이'라고 부르던 것이 참으로 멋있었다. 그 선배는 IBM과 국내 SI 회사에서 주로 IT 아웃소싱 영업을 하는, 말하자면 IT 분야의 B2B 영업 전문가였다. 선배가 '1조 원의 사나이'인 이유는 약 10여년간 수주했던 수주 금액들을 합하면 1조 원이 넘기 때문이었다. 엄청난 금액이다. B2B 영업에 뛰어나다는 사실은 익히 알았지만, 자신을 '최고의 B2B 영업맨이자 1조 원의 사나이'라고 스스로 정의하니 재미있기도 하고 공감이 갔으며, 선배가 더 멋있어 보였다. 선배만의 확실한 콘텐츠와 스토리가 있기 때문이다.

세 번째는 브랜드의 확산이다. 자신이 쌓은 콘텐츠를 주변 사람들과 어떻게 공유하고, 세상에 어떻게 보여줄 것인가 하는 것이다. 사람들에게 보여주지 않고 자신의 머릿속, 혹은 자신의 책상과 컴퓨터에만 쌓아놓고 있다면 어느 누구도 알지 못한다.

최근에는 페이스북Facebook 이나 인스타그램Instagram 같은 SNS소셜 네트워크 서비스 채널이나 블로그, 카페 등을 통해 자신의 생각이나 콘텐츠 등을 정리해 올릴 수 있다. 이런 SNS을 통한 콘텐츠 구축은 다른 사람들에게 보여주고자 하는 목적뿐 아니라 자신의 생각을 하나하나 정리해가는 도구로도 매우 훌륭하다.

SNS 활동뿐 아니라 오프라인상에서 다양한 포럼이나 모임에 참여하고 비슷한 사람끼리 스터디 모임을 운영하는 등 주변 사람들과 소통하고 공유하는 모임은 매우 중요하다.

나의 경우 SNS를 즐기는 편은 아니다. SNS를 통해 내 생활이 알려지고 근황이 적나라하게 보이는 것이 부담스럽기 때문이다. 대신

약 10년 전부터 국내 최고의 마케터와 비즈니스 디자이너를 꿈꾸며 글을 쓰기 시작했다. 한 달에 한 번씩 현업 업무를 하면서 느낀 것들, 책을 읽다 생각난 것들, 혹은 외부 강연을 듣던 중 나의 업무와 연결되는 것들을 간단하게 정리하다 보니 글이 쌓이게 되고 어느 정도 쌓이니 책으로 만들어졌다.

직장생활을 하면서 어떻게 글을 쓰고 책을 출판했느냐고 신기한 듯 물어보는 분들에게 나는 늘 웃으면서 이렇게 대답한다. "나의 브랜드는 국내 최고의 마케터와 비즈니스 디자이너인데 그러려면 뭐라도 해야 하지 않겠습니까" 나는 죽기 전까지 총 7권의 책을 쓰는 것이 인생의 목표다.

마지막 단계는 브랜드의 관리다. 브랜드로서 자신을 돌아보고 자신이 설정한 브랜드의 정의에 얼마나 가까워지고 있으며, 사람들이 인정하고 있는가를 끊임없이 관찰해야 한다. 즉 평판을 관리하고, 자신을 독려하고, 계발하며 스스로 만들어 가는 것이다.

자신의 이미지 관리를 위해 외모와 스타일, 더 나아가 목소리와 행동, 표정까지 관리하는 사람들도 많다. 물론 이것은 '퍼스널 아이덴티티'라고 해서 최고 경영자나 외부에 노출이 많이 되는 고위층에 한정된 이야기지만, 요즘은 젊은 직원들도 자신의 이미지를 깔끔하고 세련되게 만들기 위해 노력하는 경우를 많이 본다.

개인적으로 내가 가장 취약한 분야가 이 부분이기도 하다. 늘 '다음에 좀더 여유가 생기면, 시간이 남으면 하도록 하지'라고 생각하지만 직장생활을 하며 지금까지 한 번도 이미지를 관리하기에 충분한 마음과 시간적 여유를 가져본 적이 없다. 하지만 앞서가는 사람들은 여기에 적지 않은 노력을 쏟는다.

자신만의 브랜드와
스토리를 만들어라

맡은 바 최선을 다해 일하면 그것으로 충분하지, 나만의 브랜드까지 만드느라 힘쓸 이유가 있나 하는 의문을 가진 사람도 많을 것이다. 물론 회사 업무에 최선을 다해 임하는 것이 가장 중요하다. 하지만 20~30년간 한결같이 최선을 다해 묵묵히 일한다는 것이 쉬운 일은 아니다.

자신만의 목표와 아이덴티티를 정하지 않으면 자신의 일관성을 유지하기 어렵다. 자신이 최고가 되었을 때 비로소 회사에서도 최고의 성과로 기여할 수 있고, 후배들을 키우고 양성할 수 있다. 국내 최고의 마케터를 지향하는 직원들이 모인 마케팅 부서가 늘 구태의연하게 하던 방식대로 일할 리 없고, 트렌드에 뒤처질 리 없다.

밥값을 하는 직원들은 모두 자신만의 브랜드와 스토리가 있는 직원들이다. 회사 내에서의 직함과 자리에 기대거나 연연하지 않고, 언제든지 자신의 능력과 브랜드로 평생 직업을 지향하는 직원들이 바로 회사에서 가장 아끼고 챙겨야 하는 인재들이다.

나중에 은퇴 후 어떤 명함을 만들 것인지 생각해보자. 회사라는 조직에서 은퇴한 후에도 그동안 쌓아온 자신의 브랜드로 사람들에게 인정받고 제2의 직업으로 평생 이어질 수 있는 자신만의 브랜드 명함 말이다. 나 역시 '장중호'라는 이름 석자가 새겨진 명함이 마케팅 분야에서는 모두가 알아주는 브랜드가 되었으면 한다. 그것이 지금의 회사에서 제대로 밥값을 하는 최선의 방법이라고 믿는다.

성공 법칙 3
Hire Yourself
당신 자신을 고용하라

그대, 스스로를 고용하라! 이런 마음가짐을 가진 직원이야말로 어느
회사든 꼭 필요한 인재이고, 직장에서의 생명력도 길 것이다. 왜냐하
면 그 누구보다 더 확실하게 밥값을 할 것이기 때문이다.

직장인은 늘 불안하다. 사업을 하는 사람도 불안한 것은 마찬가지 겠지만, 사업가의 불안감과 직장인의 불안감은 종류가 다르다. 사업가가 갖는 불안은 본인의 사업이 잘될 것인지, 치열한 경쟁에서 앞으로도 기업을 잘 이끌어가고 지속 가능한 사업 아이템을 찾아 수익을 낼 수 있을지에 대한 것이다. 자신의 노력과 역량, 그리고 약간의 운이 따라줘 사업을 잘 이끌어갈 수만 있다면 어느 누구도 '사장'이라는 자신의 자리를 뺏을 수 없다. 그 자리는 바로 자신의 것이기 때문이다. 스스로 그만두고 사업체를 팔거나 폐업을 하지 않는 이상 그 자리는 언제까지나 자기의 것이다.

하지만 직장인은 다르다. 다니는 회사가 아무리 크고 지속적으로 수익을 내더라도 어느 시점이 되면 회사를 떠나야 한다. 후배들에게 자리를 내어주고 새로운 인생을 살아야 한다. 회사에서 인정받아 승진을 하고 임원이 되고, 심지어 사장이 되더라도 언젠가는 떠나야 한다. 그 자리는 잠시 머무르는 곳이지 자신의 것은 아니기 때문이다.

회사를 위해 최선을 다하고, 인정받는 직원으로 오랜 기간 근무해도 후배들이 일을 더 잘할 수 있는 시점이 오면 아쉽지만 비켜줘야 하는 것이다. 그 시점이 언제가 될지도 모른다. 회사 경영상태가 악화되어 구조조정이라도 하게 되면 비교적 젊은 나이에 조직을 떠나야 할 수도 있다. 반면 여건이 받쳐주고, 본인도 최선을 다한다면 정년퇴직까지 머물 수도 있다.

그래서 직장인들은 불안하다. 자신이 그 시기를 정하는 것이 아니기 때문이다. 회사에서 정한 시기까지만 다니는 것이다. 그렇다고 회사를 원망해서는 안 된다. 선배들이 자리를 비워주었기 때문에 본인도 그동안 직장생활을 해올 수 있었기 때문이다.

불안감을 버리고
관점을 바꿔라

어떻게 하면 직장인의 불안감을 조금이라도 줄일 수 있을까? 요즘 오피스가 인근에 정신과 병원이 점점 늘고 있다고 한다. 정신적 스트레스 때문에 병원을 찾는 직장인들이 많아지고 있기 때문이다. 하지만 정신과 상담을 받고, 처방약을 먹어도 근본적인 해결책이 되지는 않는다. 어떠한 문제든 자신이 그 환경을 바꿀 수 없고 상황을 결정할 수 없다면, 모든 문제에 있어 답은 하나다. 바로 자기 자신을 바꾸는 것이다.

세상을 바꿀 수 없어 한숨 쉬며 괴로워할 때, 자신의 생각과 관점만 바꾸면 세상이 바뀔 수 있다. 직장인이 가진 한계로 인해 불안하지만 직장을 박차고 나가 사업을 시작할 용기가 없다면 회사에 대한 생각과 관점을 바꾸는 것이다.

나를 1인 기업의 사장이자 직접 고용한 직원이라고 생각해보자. 지금 다니고 있는 회사는 나와 해당 업무에 대해 서비스 계약을 맺은 것이다. 즉 나도 이제 사장인 것이다. 그리고 나는 그 업무에 대해 회사와 계약관계로 지속적으로 사업을 해나가는 것이다.

내가 바로 사장이니 사업을 키우기 위해 나는 최선을 다할 것이다. 나의 전문성을 키울 것이고, 회사와 좋은 비즈니스 관계를 맺기 위해 관계자들과도 좋은 관계를 유지할 것이다. 매년 나의 연봉만큼 서비스 계약금이 올라가는 것이고, 승진을 한다면 나는 더욱 큰 계약과 사업을 키우는 것이다.

나를 스스로 고용한 것이기 때문에 잘릴 일이 없다. 단지 '나의 회사'와 '내가 다니고 있는 회사' 간 계약이 종료될 뿐이다.

나는 나를 고용한 사장으로서 다른 회사와 비즈니스를 찾아 계약관계를 맺는다. 과연 이런 생각과 관점은 직장인들에게 어떤 변화를 주게 될까?

크게 2가지다. '자율성'과 '성실함'. 관리자 역할을 해본 사람이라면 알
겠지만, 이 2가지는 밥값을 하는 직장인에게 요구되는 가장 큰 덕목이다.
자율적으로 일을 찾아서 하는데 그것도 아주 성실하게 열심히 한다. 그것
만큼 좋은 직원이 어디 있겠는가?

특히 자율성에 대해서는 모든 사장들이 하고 싶은 말이 많을 것
이다. 직원들에게 일을 시켜 본 관리자라면 어디나 2종류의 사람
이 있다는 것을 안다. 어떤 일을 시켰을 때 '척척' 알아서 시키지도
않은 나머지 부분까지 챙기면서 제대로 성과를 내는 사람이 있고,
'딱' 시킨 일만 해놓고 나머지 시간에는 노는 사람이 있다.

물론 지시한 것에 대해서 문제 없이 수행했으니 된 것 아니냐고
반문하면 할 말은 없지만, 조직에서 주인의식과 자율성을 갖고 더
많은 고민을 하며 일을 챙겨서 하는 사람만큼 예뻐 보이는 사람은
없다. 어떤 직원들을 보면 정말 심하다는 생각이 들 정도로 주인의
식 없이 일하는 모습을 본다. 자료 하나를 만들어도 그려주고 지시
한 대로만 작성한다. '저 자신감은 어디서 나오는 것일까?' 싶을 정
도로 성의가 없다.

성실함도 마찬가지다. 성실함은 단지 늦은 시간까지 회사 책상
에 앉아 야근을 하며 시간을 보내는 것과는 다른 것이다. 성실함
역시 주인의식이 있어야 나온다. 자기 것이라고 생각을 하는 순간,
성실해진다. 회사에서 본인의 일들이 단지 월급을 받기 위해서 마
지 못해 하는 것이라면 결코 성실해질 수가 없다.

그러나 본인을 스스로 고용한 사장이라면 회사 일을 무책임하게 할 수가 없다. 자율성을 가지고 성실하게 사업을 일궈내어 자신의 것을 키워야 하기 때문이다. 자신의 것을 키운다는 것은 바로 자신의 역량과 능력을 키우는 것이다. 회사 자산인 자신에게 투자하고 가치를 높여야 자신의 회사 가치가 올라간다.

그런 생각을 한다면 결코 일을 소홀히 할 수 없다. 지속적으로 비즈니스 관계를 맺어야 하므로 일을 적당히 할 수 없다. 스스로를 고용한 직장인은 타성에 젖어 적당히 시간을 보낼 수가 없는 것이다.

직장인으로서
전환점을 마련해준 한 문장

미국에서 학위를 마치고 한국에 돌아와 오랫동안 경영 컨설팅 회사를 다녔던 나는 2005년 유통 대기업인 신세계 그룹에 입사하게 되었다. 컨설턴트로서 바쁘게 프로젝트를 진행하던 때와 달리 대기업의 그룹 전략실에서 기획, 그것도 장기적인 사업전략 및 미래 기획 업무를 맡게 되었다.

초치기로 제안서를 제출하고, 프로젝트가 시작되면 몇 개월은 거의 집에 들어가지도 못했다. 주어진 기한 내에 산출물을 내기 위해 시간을 쪼개가며 일하던 내가 장기적인 기획업무를 맡다 보니,

아침에 회사에 출근해서 퇴근할 때까지 하루종일 적응이 되지 않았다.

누군가 나에게 업무를 지시하고 체크하는 것도 아니었다. 그렇다고 정해진 기간이 있는 것도 아니었다. 자율적으로 시장 동향을 분석하고 미래를 예측하고, 그룹이 어떤 방향으로 가야 하는지를 제시해야 했다. 매우 흥미로운 일이었으나 쉽지 않은 일이었다.

가장 힘들었던 점은 나의 이야기를 들어줄 사람이 없다는 것이었다. 몇 주 동안 깊이 고민해서 기획서나 보고서를 만들어도 그것을 보고할 사람조차 마땅치 않았다. 보고를 해도 건성으로 들어줄 뿐 주목해주지 않았다. 일부 사람들은 '지금 사업하기도 바쁜데 한가한 미래 이야기를 들어줄 시간이 어디 있느냐'며 짜증을 내기도 했다.

차분하게 나만의 시간을 가지며 넓은 시야로 내가 속한 기업을 위해 고민하는 일은 좋았으나 직장인으로서 조금씩 불안감이 생기기 시작했다. '아, 이렇게 몇 년 지내다 보면 바보가 되는 것 아닌가' '회사에서 한량처럼 존재감도 사라지고 결국 몇 년 뒤에는 성과가 없다고 잘리는 것이 아닌가' 하는 생각이 들었다. 직장인에게 있어 최고의 재산은 존재감인데, 한가하게 미래 전략을 고민하고 있는 내가 인정받을 길은 없어 보였다.

'다시 컨설팅 회사로 돌아가야 하나' 고민하던 차에 서점에 들렀는데 우연히 한 권의 책이 눈에 들어왔다. 책 제목은 『그대, 스스로를 고용하라』였다. 저자는 지금은 작고한 구본형 씨로, 당시 수많은 직장인에게 '변화경영 전문가'로 불리며, 자기계발 분야에서 잘 알려진 분이다. 그때까지만 해도 내가 나를 고용한다는 생각을 해 본 적이 없었기에 책 제목을 보는 순간 갑자기 머리를 망치로 얻어 맞은 것처럼 충격을 받았다.

책 표지에는 다음과 같은 글이 쓰여 있었다.

"직장인은 죽었다. 더이상 전통적 의미의 직장인은 존재하지 않는다. 당신 안에 있는 조직 인간적 속성을 제거하라. 스스로 CEO처럼 생각하고 행동하라. 그리하여 그대, 스스로를 고용하라."

굳이 책을 살 필요도 없었다. 단 한 문장으로 이루어진 제목만으로 직장인으로서 나의 좌표를 발견할 수 있었다. 회사가 먼저 알아주고 승진시켜 주고 인정해주기를 바라면서 한숨을 쉬던 내가 바보같이 느껴졌다. *나는 나를 고용한 고용주이고 나는 우리 회사와 비즈니스 관계인 것이다. 나는 자율적으로 일을 찾고 성과를 내고 성실하게, 그리고 꾸준하게 일을 할 것이다. 그리고 나는 그 가치와 결과를 회사에 팔고 제공하는 서비스업을 하는 회사의 사장이다.*

'내가 나를 고용한 것'이라고 생각과 관점을 정리하니 회사에서 느끼던 불안감이 줄어들었다. 내가 나 자신을 해고하지 않는 한 계속해서 일을 하게 될 것이다. 이 회사에서든 그 어디에서든 나의 능력과 역량으로 일을 하게 될 것이다. 나는 '장중호'라는 기업의 CEO다. 나는 길게 보고 또 크게 볼 것이다. 그런 생각으로 차분하게 일을 하기 시작하니 자연스럽게 회사에서 중요한 일들을 맡기기 시작했다. 또 내가 기획했던 일들을 회사가 추진하면서 변화하는 모습들이 보이기 시작했다. 그리고 얼마 뒤 그룹에서 가장 바쁘고 책임이 큰 자리라고 할 수 있는 이마트 마케팅 임원을 맡게 되면서 조직 내 존재감이 상당히 커지게 되었다.

그 후로도 내 가슴에는 구본형 씨가 툭 건네준 한마디, '스스로를 고용하라'는 충고가 늘 새겨져 있다.

회사를 떠나도 두렵지 않은
전문가가 되어라

사람이 불안해지기 시작하면 시야가 좁아진다. 그리고 자기가 미래에 가질 수 있는 무한한 가능성과 큰 잠재력을 보지 못하고, 현재 가지고 있는 것들에 연연하며 매달리기 시작한다. '이것이라도 지켜야 할 텐데'라는 생각으로 매달리다 보면 조급해지고, 주변과 충돌하기 시작한다.

옆에 있는 동료들이 경쟁자들로만 느껴지고, 밑에서 치고 올라오는 후배들이 미워 보이기 시작한다. 위에 계신 분들에게 인정받고 잘보이고 싶은데, 도통 위에 계신 분들은 쉽게 마음을 열어주지 않는다. 그래서 현재 주어진 일에만 집중하려고 하니 변화해야 하는 경영 환경에 적응이 안 되기 시작한다.

대부분 직장 내에서 젊은 직원이 바라보는 임원이나 팀장 등 상사의 모습은 어쩌면 이런 모습들일지도 모르겠다. 젊을 때는 상당히 스마트하고 멋있던 분들이 직급이 올라갈수록 변하는 모습들을 자주 목도하게 된다. 그 이유는 다름 아닌 '불안감' 때문이다. 그런 사람들을 가리켜 '꼰대'라고 부른다.

어떻게 하면 이런 딜레마에 빠지지 않을 수 있을까? 그것이 밥값을 하는 직장인의 비결이다. 나는 그 비결을 '자유'라고 본다. 이 모든 불안한 상황에서의 자유다.

성경에 이런 구절이 있다. '너희가 진리를 알지니, 진리가 너희를 자유케 하리라.' 물론 성경에서 말하는 진리와 직장인에게 있어서 진리의 의미는 다르겠지만 결론은 '어떻게 마음의 자유를 얻을 것인가'이다. 마음에 자유를 주는 것이 종교에서든 직장에서든 진리인 것이다.

이제는 1인 기업이 뜬다고 한다. 그리고 평생 직장이 아니고 평생 직업의 시대라고 한다. 1인 기업이라는 의미와 평생 직업이라는 의미는 서로 통한다. 누구나 지금 몸담고 있는 직장에서 오랫동안 열심히 일하고 인정받고 싶어한다. 다른 직장을 기웃거리고 회사에 대한 충성심이 적은 사람은 인정받기 어렵다.

하지만 회사에 대한 충성심이 곧 회사에 얼마나 오래 다녔는지에 비례하는 것은 아니다. 수십 년간 회사에 몸담으면서도 자율성과 성실함은 조금도 찾아볼 수 없고, 심지어 회사에 대해 부정적인 말들을 퍼트리고 다니는 사람을 수없이 봐왔다.

1인 기업과 평생 직업의 개념으로 자신을 전문가로 만들어야 한다. 회사의 역량에 묻히는 것이 아니라 자신의 전문성과 역량으로

'나는 이 회사에서든 어디에서든 일하면서 살아갈 것이다'라는 생각이 스스로를 강하게 만든다.

'나는 최고의 마케터가 될 것이다' '최고의 인사 담당자가 될 것이다' '최고의 현장 영업 전문가가 될 것이다'와 같은 목표를 갖고 그것을 이루기 위해 노력하다 보면, 갈고닦은 전문성이 '나'라는 1인 기업의 대표로 만들어 줄 것이다. 나는 나의 전문성으로 현재 이 회사에 최고의 서비스를 제공하고 있는 것이다.

'나는 최고의 서비스로 회사와 관계를 맺고 매년 비즈니스를 연장해 갈 것이다. 그것이 어려운 상황이 와도 나는 내가 길러 온 최고의 전문성으로 다른 회사와 일을 하게 될 것이다'라고 믿자. 나는 나 스스로를 고용했기에 나는 어디에 있든 자율성과 성실함으로 최선을 다할 것이고, 이 2가지가 나의 마음에 자유를 줄 것이다. 그래서 나는 어디든 연연하지 않고, 불안해하지 않을 것이다.

그대, 스스로를 고용하라! 나는 이런 마음가짐을 가진 직원이야말로 어느 회사든 꼭 필요한 인재고, 직장에서의 생명력도 길 것이라고 확신한다. 왜냐하면 그 누구보다 더 확실하게 밥값을 할 것이기 때문이다.

행복한 직장인이 성공한다,
무조건 행복해지자!

잡코리아에서 우리나라 성인남녀 2,993명을 대상으로 '행복하다고 느끼는가?'라는 주제로 설문조사를 실시했다. 조사 결과 49.7%가 '행복하다고 느낀다'라고 응답했으며, 나머지 50.3%는 '행복하지 않다고 느낀다'고 답했다. 만약 내가 이 설문지를 받았다면 어디에 동그라미를 쳤을까. 자신있게 '행복하다고 느낀다'에 동그라미를 칠 수 있었을까.

　설문결과를 좀더 구체적으로 살펴보자. 먼저 회사 유형별로 보면 공기업에 다니는 직장인이 61.5%로 행복도가 가장 높았고, 외국계 기업 60%, 대기업 54.7%, 중소기업 51.1% 순이었다. 흥미로운 것은 직급별 설문결과다. 과장급이 61.7%로 행복도가 가장 높았고, 그 다음이 임원 56%, 차·부장 53%, 대리 51.8%, 사원이 49.9%로 나타났다. 경력 연차별로 보면 15년~20년 사이의 직장인이 67.1%로 행복도가 가장 높았다.

또 상황별로 가장 행복하다고 느끼는 순간을 묻는 질문에는 휴식이나 여행 등 여가를 즐길 때가 46.3%, 가족이나 자녀와 함께할 때가 41.6%였다. 행복의 요건 1위는 경제적인 여유가 49%, 일과 삶의 조화로운 생활이 가능한 여건이 47.9%로 2위였다.

이처럼 행복도나 만족도를 묻는 설문조사는 잊을 만하면 언론에 등장한다. 몇년 전 발표된 삼성경제연구소 보고서에서 우리나라 직장인의 행복도가 OECD 국가 중 거의 최하위 수준이고, 가장 행복도가 높은 곳은 호주라는 결과가 나왔던 것이 기억난다.

직장인 50%,
'행복하지 않다'

우리는 왜 직장에 다니는가. 결국 행복해지기 위해서다. 행복 요건의 1순위인 경제적인 여유를 갖기 위해서다. 직장에서 열심히 일하고 월급을 받고 그 돈으로 가족과 함께 행복하게 사는 삶을 꿈꾸는 것이다. 물론 간혹 자아실현을 하고 보람을 찾기 위해 직장을 다닌다고 말하는 사람도 있지만, 그것은 경제적 여유가 갖춰진 사람만이 할 수 있는 말이다.

하지만 경제적인 요건을 충족시키기 위해 다니는 직장일지라도 일이 내 삶을 좌지우지하고 육체와 정신을 지배한다면 두 번째로 중요한 행복 요건인 '일과 삶의 조화로운 생활'이 불가능하다.

47.9%의 사람들이 일과 삶의 조화가 중요하다고 생각하는데 50%가 넘는 사람들이 행복하지 않다고 느끼는 조사결과를 보면 상당수 사람들이 일과 삶의 조화로운 생활이 어려운 것 같다. 이런 이유로 공기업이나 외국계 기업에 다니는 직장인의 행복도가 상대적으로 높은 것이다.

조사 결과에서 한 가지 흥미로운 것은 직급별로 보면 과장급 직장인의 행복도가 가장 높다는 것이다. 앞 장에서 직장생활을 오래한 선배에게 가장 행복했던 때가 언제냐고 물으니 처음 과장이 되어 간부라는 직책을 맡게 되었을 때라고 답했다는 내용을 이야기한 적이 있다.

사원이나 대리급은 주로 자신이 주도적으로 일을 한다기보다 상사가 지시하는 일을 수동적으로 하게 된다. 그러다 과장이 되면 자신의 일을 보조해줄 사원급 후배들이 생긴다. 주도적으로 일을 시키고 자신의 성과를 만들어내는 기회, 즉 권한이 생기는 것이다. 그에 비해 책임감에 대한 부담은 아직 크지 않은 시기다. 해당 업무에 대한 최종 책임은 팀장이나 차·부장급이 지는 구조이기 때문이다. 그래서 상대적으로 책임이 많이 따르는 차·부장급 행복도가 낮은 것인지도 모른다.

유난히 행복지수가 낮은
우리나라 직장인

사원급 직원의 행복도가 가장 낮은 것은 정말 놀랍다. 요즘처럼 치열한 취업 경쟁을 뚫고 직장에 들어왔으면 회사생활이 즐겁고 재미있어야 할 텐데 절반이 넘는 사원급 직원들이 행복하지 않다고 느낀다니⋯. 아마도 십수 년간 어려운 공부를 마치고 입사한 회사 생활이 자신이 꿈꾸던 이상적인 직장과는 괴리감이 컸기 때문일 것이다.

영화나 드라마를 통해 보여지는 멋진 직장인의 생활을 생각했다면 크게 실망할 수밖에 없을 것이다. 드라마에서는 젊고 유능한 인재가 사장이나 실장으로 출연해 대형 프로젝트를 진행하고 성과도 낸다. 그런데 막상 회사에 들어오니 사장이나 실장은 얼굴 한 번 볼 일이 없고, 기껏해야 몇 년 선배인 대리나 과장급에게 매일 혼나기만 하니 자신이 한심해 보이기도 할 것이다.

놀랍게도 취업한 후 3년 이내 퇴사하는 비율이 거의 30%에 이른다고 한다. 3명의 신입사원이 입사하면 그 중 한 명이 사표를 낸다는 것인데 회사 입장에서는 엄청난 손실이 아닐 수 없다.

왜 우리나라 직장인들의 행복지수는 최하위 수준이고 호주는 높을까? 행복하지 않은 직장인들이 일하는 회사가 과연 급변하는 환경과 글로벌 경쟁 체제에서 창의적인 아이디어를 내며 성장할 수 있을까? 행복하지 않은 직장인이 회사에서 밥값을 할 수 있을까?

앞에서 성공하기 위해 어떻게 해야 하는지, 또 직장인들은 어떤 생각으로 정신무장을 하고, 일을 하고, 경력을 키워나가야 하는지에 대한 이야기들을 풀어 보았다. 하지만 결국 지금까지의 모든 글은 '행복론'이라는 인생의 가장 큰 명제 앞에서는 아주 작은 이야기에 불과하다. 밥값을 하는 직장인들은 행복해야 하고 직원들을 행복하게 해줘야 밥값을 한다. 아주 명확한 이야기이다.

조급증이 부른 삼성전자 '갤노트7 사태'

초일류 글로벌 기업이라고 자부하던 삼성전자가 2016년 사상 초유의 위기를 맞았었다. 삼성전자는 최고의 혁신기업인 애플과 유일하게 겨루며 애플의 '아이폰7'을 압도할 작품으로 '갤럭시노트7(이하 갤노트7)'을 출시했다. 갤노트7은 한국과 미국에서 동시에 출시되자마자 순식간에 100만 대가 넘게 팔려나갔고, 삼성전자 주가는 사상 최고치를 갈아치웠다. 목욕하며 사진도 찍을 수 있는 방수 기능까지 갖춘 갤노트7은 매우 강력했고 출시 예정인 '아이폰7'과의 경쟁에서도 당연히 승리할 것으로 보였다.

하지만 출시 후 닷새 만에 상황이 바뀌었다. 한국에서 갤노트7이 폭발했다는 이야기가 나온 것이다. 그 이후 전 세계 곳곳에서 갤노트7의 발화가 이어졌고, 삼성전자는 리콜을 실시했으나 단순히 교환정책만으로는 사고를 막을 수 없었다. 결국 삼성전자는 단종을 선언했고, 야심작이었던 갤노트7은 7조 원에 가까운 손실과 삼성전자의 명성에 먹칠을 남긴 채 사라졌다.

그런데 더 놀라운 것은 삼성전자가 그때 당시 갤노트7의 발화 원인을 정확하게 밝혀내지 못했다는 것이다. 처음에는 배터리를 얇게 만들면서 방수기능까지 강화하다 보니 결함이 생겼다고 생각했다. 하지만 단순히 배터리만의 문제가 아니라 본체 회로에 문제가 있는 것으로 추정만 하고 있다. 세계 최고 스마트폰 기술을 가진 삼성전자가 정확한 불량 원인도 모른다는 것이 참으로 놀라웠다.

나는 기술적인 원인은 잘 모르지만, 근본적인 원인은 알 수 있었다. 나는 과거 경영 컨설팅 회사에 근무하면서 삼성전자 관련 프로젝트를 많이 진행했기 때문에 삼성전자 직원들을 많이 알고 있었다. 삼성전자에 다닌다고 하면 누구나 부러워한다. 매년 성과급을 얼마나 받는지 궁금해하고 자신의 자식이 삼성전자 같은 회사에 다니길 원한다. 하지만 임원급에서 간부사원까지 내가 만난 삼성전자 직원 가운데 행복하다고 이야기하는 사람은 거의 없었다.

삼성전자 직원들의 이야기를 들어보면 주중에는 집에 11시 이전에 들어가는 날이 매우 드물고, 주말 근무도 당연하다고 했다. 임원들이 6시 반까지 출근한다고 할 때 나는 '설마' 하고 믿지를 못했는데, 개인적으로 잘 아는 부사장님이 새벽 4시에 일어나서 출근한다는 말을 듣고 매우 놀랐다. 삼성전자에서는 정말로 전 직원이 모두 열심히 일한다. 그들 가운데 상당수는 워커홀릭일 것이다.

그 덕분에 삼성전자는 애플이 2년에 한두 개의 신제품을 발표할 때, 4~5개의 신제품을 발표했다. 당시 갤노트7도 애플의 아이폰7을 견제하기 위해 원래 계획보다 출시를 앞당겼고, 이 때문에 개발자들이 엄청난 부담을 가졌다고 한다. 주말도 없이 매일 야근을 하며 애초에 정해진 시일에 맞추기도 어려운 개발을 더 앞당기기까지 그들은 얼마나 무리하며 일했을까?

나도 엔지니어였기 때문에 경험해봤지만 하루 종일 컴퓨터 앞에 앉아서 야근을 하고 하루도 제대로 못 쉬며 몇 달을 무리해서 일하다 보면 머리가 멍해진다. 아무리 집중하려고 해도 집중할 수가 없다. 당시 언론에서도 삼성전자의 조급증이 갤노트7 사태를 야기한 것이라고 이야기들을 했다.

삼성전자의 입장도 이해는 간다. 한국이라는 작은 나라를 기반으로 전 세계를 지속적으로 석권한다는 것은 정말 보통 일이 아니다. 나는 삼성전자가 존경스럽고 자랑스럽다. 10년이 넘는 시간 동안 세계 최고를 유지한다는 것은 대충 일해서는 불가능하다. 회사와 직원 모두가 합심해 피와 땀을 흘린 결과다.

'밥값' 측면에서 보면 삼성전자 직원들은 세상 어느 회사보다 최고 수준일 것이라고 확신한다. 하지만 그렇게 해서 거둔 성공은 결국 최고 경영자부터 말단 직원까지 모두가 조급증에 걸리게 만들었다. 1등 자리를 지켜야 한다는 조급한 마음으로 처음에는 서로를 격려하고 독려했겠지만 결국 무리하게 일하는 결과를 낳았다.

스트레스와 조급증은 직원들의 행복감을 채워줄 수 없다. 삼성전자 직원들은 엄청난 월급과 성과급을 받았다. 하지만 47%의 직장인들은 일과 삶의 조화로운 생활이 가능한 회사를 원한다. 삼성전자에서 일과 삶의 조화로운 생활이 가능했을까? 직원 모두가 평일, 주말 할 것 없이 일에 매달리는 상태가 오래 지속되면 결국 이번처럼 일어나서는 안 되는 일이 일어나게 되는 것이다.

나는 삼성전자가 앞으로도 전 세계에서 누구나 일하고 싶어하고, 부러워하는 회사가 되었으면 좋겠다. 우리나라 최고의 기업이자 자부심이기 때문이다. 똑똑한 인재들이 가고 싶어하는 회사가 되면 세계 최고 자리를 지켜내고, 애플도 이겨낼 것이다. 누구나 입사하기를 원하고, 내 자식이 일했으면 하는 회사, 직원들에게 행복감을 주면서 동시에 세계 최고인 회사가 우리나라에도 하나쯤은 있어야 하지 않을까 싶다. 그래야 모든 직장인들이 희망을 품고 열심히 일하면서 밥값을 할 테니 말이다.

삼성전자를 벤치마킹해서 직원들이 밥값을 하면 행복감으로 보답한다는 것을 직접 보여주는 회사가 많아졌으면 한다.

행복한 직원이
밥값을 한다

직장인의 밥값론은 결국 행복론으로 연결된다. 열심히 일해서 밥값을 하면 회사는 충분한 월급과 복지로 보상을 해주고, 이것이 직원의 행복감으로 이어져야 한다. 행복한 사람만이 지속적으로 밥값을 할 수 있기 때문이다.

하지만 직장생활의 행복감은 회사만의 책임은 아니다. 야근이 없고 주말이나 휴가도 확실히 챙겨주는 공기업이나 외국계 기업에 다니는 직원들도 61.5%만이 행복하다고 느낄 뿐이고, 나머지 38.5%의 직원들은 행복하지 않다고 느낀다.

아무리 회사가 일하기 좋은 여건을 제공해도 본인이 어떤 마음 가짐을 갖고 일에 임하는가에 따라 각자가 느끼는 행복감은 다르다. 힘들다며 불만을 갖고 괴로워만 할 것인가? 아니면 그것을 새로운 기회라고 여기며 긍정적으로 받아들일 것인가?

행복론에 대한 이야기들은 본인의 선택이다. 어느 기업이든 직원의 행복감까지 배려하는 곳은 없다. 그 행복은 내가 찾아야 하는 것이다. 나의 행복한 느낌을 상사와 회사 문화가 방해하고 있다고 생각하는가? 그렇다면 과연 나는 부하직원이나 동료의 행복한 느낌을 방해하고 있지는 않은지, 조급하고 스트레스를 주는 회사 문화를 만드는 데 내가 일조하고 있지는 않은지 살펴봐야 한다. 나도 회사에서 중요한 구성원 중 하나이기 때문이다.

무조건 행복해지자. 이것은 직장인뿐 아니라 이 세상에 태어난 모든 사람들이 살아가는 무조건적인 이유이기 때문이다.

■ 독자 여러분의 소중한 원고를 기다립니다

메이트북스는 독자 여러분의 소중한 원고를 기다리고 있습니다. 집필을 끝냈거나 집필중인 원고가 있으신 분은 khg0109@hanmail.net으로 원고의 간단한 기획의도와 개요, 연락처 등과 함께 보내주시면 최대한 빨리 검토한 후에 연락드리겠습니다. 머뭇거리지 마시고 언제라도 메이트북스의 문을 두드리시면 반갑게 맞이하겠습니다.

■ 메이트북스 SNS는 보물창고입니다

메이트북스 홈페이지 www.matebooks.co.kr

책에 대한 칼럼 및 신간정보, 베스트셀러 및 스테디셀러 정보뿐만 아니라 저자의 인터뷰 및 책 소개 동영상을 보실 수 있습니다.

메이트북스 유튜브 bit.ly/2qXrcUb

활발하게 업로드되는 저자의 인터뷰, 책 소개 동영상을 통해 책에서는 접할 수 없었던 입체적인 정보들을 경험하실 수 있습니다.

메이트북스 블로그 blog.naver.com/1n1media

1분 전문가 칼럼, 화제의 책, 화제의 동영상 등 독자 여러분을 위해 다양한 콘텐츠를 매일 올리고 있습니다.

메이트북스 네이버 포스트 post.naver.com/1n1media

도서 내용을 재구성해 만든 블로그형, 카드뉴스형 포스트를 통해 유익하고 통찰력 있는 정보들을 경험하실 수 있습니다.

STEP 1. 네이버 검색창 옆의 카메라 모양 아이콘을 누르세요. STEP 2. 스마트렌즈를 통해 각 QR코드를 스캔하시면 됩니다. STEP 3. 팝업창을 누르시면 메이트북스의 SNS가 나옵니다.